최악의 불황에도
팔리는 건 팔린다!

최악의 불황에도 팔리는 건 팔린다!

50%
10% 10% 10% 10% 30%
10% 5% 10% 15% 5%
10% 15% 5%
10% 15% 10%
20% 5% 10%
5% 5% 10%
10% 10% 15%
10%

스즈키 토시후미 지음 | 김경인 옮김

WILLCOMPANY

차례

제3장 : '물건을 판다'는 것은 '이해한다'는 것이다

제4장 : 기회는 어떤 사람에게 오는가?

"세븐~일레븐, 좋은 기분~. 열려있어 다행이야!!"

세븐일레븐 초기의 텔레비전 광고로 매번 흘러나오던 '열려있어 다행이야'라는 카피 문구는 광고를 제작할 당시, "편의점을 한마디로 표현한다면 어떤 게 있을까?"라는 질문에서 탄생한 말이었다.

이 카피가 광고에서 사용된 시기는 개업 3년째였던 1976년부터 82년까지로, 일본인의 생활패턴이 24시간화 되어가던 와중에 항상 열려있다는 편리함을 강조해 특히 젊은 세대의 지지를 얻어 유행어가 되기도 했었다. 단순하지만 편의점의 특징을 정확히 표현한 카피였다.

그리고 지금 문득 이런 생각을 해본다. 만일 "'판매력'을 한마디로 표현한다면 어떤 게 있을까요?"라는 질문을 받는다면, 과연 어떻게 대답할 것인가?

'판매력'이란 판매하는 측에서 보면 말 그대로 물건을 '파는 힘'이다. 하지만 뒤집어 생각하면 고객이 '사길 잘했다' '먹길 잘했다' '오길 잘했다'…… 라고 생각하게 만드는 힘이 아닐까.

가령 몇천만 엔 하는 주택을 판매하는 경우라도, 최고의 성적을 올린 영업사원은 어김없이 고객들로부터 '○○씨가 담당자여서 좋았다'거나 '○○씨에게 사길 잘했다'는 진심 어린 찬사를 받는다.

만일 당신이 당신의 고객이라고 가정하고, '나에게 사길 잘했다'라고 진심으로 말할 자신이 있다면 당신은 아마도 대단한 '판매력'의 소유자임이 틀림없다.

반대로 고객이 '사볼까?' '먹어볼까?' '가볼까?' 라고 생각했더라도, 나중에 '안 샀으면 좋았을걸' '안 먹었으면 좋았을걸' '안 왔으면 좋았을걸'이라는 후회가 들면 고객은 두 번 다시 당신을 찾지 않을 것이다.

'파는 힘(판매력)'이란 고객의 입장에서 볼 때 '사길 잘했다'라고 생각하게 하는 힘이다. 그러므로 판매자는 항상 고객이 추구하는 것을 이루어주는 '고객대리인'이 되어야만 한다.

솔직히 나는 서른 살 나이에 종합슈퍼마켓인 이토요카도로 직장을 옮긴 이래, 판매대에서 물건을 팔아본 경험도 없을 뿐 아니라 계산대에 서본 적도 없다. 그룹 내에서 그런 사람은 나 말고는 아마 없을 것이다.

정확히 말하면 판매대에 서본 적은 있다. 다만 "자네가 서 있으면 꼭 싸우자고 덤비는 것 같다"고 할 정도로 아무 도움도 되지 못했다. 그 이유는 제1장 첫머리를 읽으면 알게 될 것이다.

그런 내가 세븐일레븐을 창업하고 지금도 유통기업의 경영을 책임질 수 있는 것은, 나 자신이 고객으로서의 심리를 가지고 모든 것을 '고객의 입장에서' 생각할 수 있기 때문이 아닐까.

예컨대 나는 매일 점심때가 되면 세븐일레븐의 도시락과 반찬류의 신제품을 임원들과 함께 시식하는데, 휴일에도 오전 중에 헬스장에서 한 차례 땀을 흘린 후 근처의 세븐일레븐에 들러 도시락 등을 사서 집에 돌아가 아내와 함께 먹는다. 만일 음식의 질이 떨어지거나 맛이 없으면, 그런대로 잘 팔리는 제품이라도 고객에게 제공해서는 안 된다고 보고 즉시 매장에서 철수시키라고 지시한다. 북으로는 홋카이도에서 남으로는 규슈에 이르기까지 1만 5천 점이 넘는 매장에서 본사부담 하에 20분 이내에 철수시킨다.

그렇게 하면 몇천만 엔에 이르는 방대한 손실이 발생한다. '지금 매장에 진열된 것은 어쩔 수 없으니 그대로 판매하고, 내일 회사에 나가 다시 검토하라고 지시하면 되겠지'라고 생각할 수도 있다. 어쩌면 그렇게 하는 것이 일반적일지 모른다. 하지만 그것은 어디까지나 판매자의 입장을 우선시하는 사고방식이다. 지금 이 순간 이 상품을 먹고 '안 샀어야 했는데'라고 후회한 고객은, 다른 상품이 제아무리 좋아도 '세븐일레븐의 다른 도시락도 보나마나 뻔하다'라고 생각하게 될 것이다. 단 하나의 상품이라도 전체에 영향을 미칠 수 있다. 이것은 판매자의 입장이 아니라 '고객의 입장에서' 생각했을 때 비로소 알게 되는 사실이다.

고객이 '사길 잘했다' '먹길 잘했다' '오길 잘했다'라고 생각할 수 있도록 '고객의 입장에서' 철저하게 추궁하고 결코 타협하지 않는다. 그것이 전 점포의 하루평균매출 약 67만 엔이라는, 다른 대기업 체인을 12~20만 엔 웃도는 세븐일레븐의 강한 '판매력'으로 승화되고 있다고 믿는다.

독자 여러분도 매일 어떤 식으로든 고객이 되어 '사길 잘했다' '먹길 잘했다' '오길 잘했다' 등의 경험을 하고 있을 것이다. 그 반대의 경험 역시 마찬가지다. 그런 만큼 '판매력'을 높이기 위해서는 어떻게 해야 하는지에 대한 '정답'을 누구나 마음속에 잠재적으로 간직하고 있다. 다만 자신이 판매자의 입장이 되면 종종 그것을 잊어버리고 말뿐이다.

판매자의 시점과 고객의 시점은 정반대다. 예컨대 '품절'의 경우를 보자. 판매자는 상품이 품절되면 자신들의 '판매력' 덕분이라고 생각한다. 한편 품절된 이후에 찾아온 고객은 '왜 더 넉넉하게 준비해두지 않았지?'라고 불만을 느끼게 되고, 판매자의 '판매력'이 부족하다고 생각한다. 판매의 기회를 상실한 것은 틀림없는 사실이므로 고객의 시점이 더 옳다고 나는 믿는다.

실제로 세븐일레븐에서는 발주한 상품이 예상보다 빨리 팔려 그 진열대가 텅 비게 되면, 그것은 '품절'이 아니라 '결품(缺品)'이라 보고 발주의 착오로 간주하여 같은 실수를 범하지 않도록 주의를 받는다.

생산과잉의 소비자시장에서는 '판매력'을 판매자가 아니라 소비자를 기점으로 생각하지 않으면 안 된다.

소비의 포화상태로 인해 더 이상 상품이 쉽게 팔리지 않게 된 시대에, 어떻게 하면 고객으로 하여금 '사길 잘했다' '먹길 잘했다' '오길 잘했다'…… '그러니 또 이용해야지!'라고 생각하게 만들 것인가? 어떻게 하면 '판매력'을 높게 유지할 수 있을 것인가? 이 책은 고객의 시점에서 그 조건을 찾아내고자 한 것이다.

예컨대 최근 우리 그룹에서 히트상품이 하나 생산되었을 때도, 나는 '판매에 더욱 힘쓰도록'이 아니라 '당장 이 상품의 리뉴얼판 개발에 착수하도록!'이라고 지시했다. 그 이유 역시 이 책에서 밝히게 될 것이다.

혹은 유통업체의 PB*상품은 제조업체의 NB**상품보다 저가상품이라는 인식이 일반적인데, 나는 전문점 이상의 품질로 NB상품보다 가격도 높은 PB상품을 개발하여 히트상품으로 성공시킨 바 있다. 그 히트의 본질도 이 책에서 제시하고자 한다.

그런가 하면 세일을 할 때는 어떤 발상이 필요한지, 어떤 방법으로 필요한 정보를 수집하고 있는지 등의 비결도 전수할 생각이다.

얼마 전, 고객의 시점이 얼마나 중요한가를 새삼 실감할 수 있는 경험을 했다. 나는 세븐&아이홀딩스가 1년에 4번 발행하는 사보《사계보》의 권두에서 매회 게스트를 초대하여 대담을 나누고 있다.《2013 AUTUMN》호에서는 데뷔작인《영원의 제로》가 250만 부, 최신작인《해적이라 불린 남자》가 140만 부나 나간 베스트셀러 작가 햐쿠타 나오키 씨를 초대했다.

햐쿠타 씨와의 대담 중에서 가장 인상적이었던 것은,《해적이라 불린 남자》가 전국 서점직원들의 투표로 결정되는 〈서점대상〉에 선정된 것에 대해 "다른 그 어떤 문학상을 받은 것보다 명예로

• Private Brand. 제조 설비를 가지지 않은 유통전문업체가 개발한 상표로, 유통전문업체가 스스로 독자적인 상품을 기획하여 생산만 제조업체에 의뢰하는 것. 이러한 PB는 '유통업자 주도형 상표'라고 할 수 있으며, 유통업자가 상표의 소유권과 판매책임을 모두 갖게 된다.

•• National Brand. 제조업체 브랜드를 말한다. 전국 단위의 브랜드파워와 유통지배력을 가진 제조업체가 전적으로 생산 및 판매를 관리하는 상품을 뜻한다.

운 일이라고 생각합니다"라고 말한 것이다.

　서점에 근무하는 사람 중에 독서를 좋아하지 않는 사람은 거의 없다. 서점대상이 다른 문학상과 다른 점은, 독서를 좋아하는 서점직원들이 독자의 입장에서 읽고 '재미있다' '읽길 잘했다'…… 그러니 '많은 사람이 읽으면 좋겠다'라고 생각해서 기꺼이 한 표를 던지는, 즉 '고객의 입장에서' 선정한 문학상이라는 것이다. 햐쿠타 씨가 다른 어떤 권위 있는 상보다 서점대상 수상을 '명예로운 일'이라고 말한 것은 '지금'이라는 시대를 잘 상징하고 있는 것 같다.

　나는 과거 20여 년간 《사계보》를 통해 80명이 넘는 각계의 저명인사들과 대담을 나누는 영광을 누려왔다. 이 책에서는 최근 5~6년 동안 만난 인사들 중 '판매력'에 대해 독자적인 생각을 가진 분들에게서 들었던 귀중한 경험과 지혜도 소개하고자 한다. 각계의 일선에서 활약하고 있는 분들로, 예컨대 아키모토 야스시(작사가, 프로듀서), 사토 카시와(아트디렉터), 켄죠 토오루(겐토샤 출판사 사장), 우시쿠보 메구미(세대·트렌드 평론가), 카마다 유미코(JR동일본의 '에큐트'의 발안자), 타카시마 후미오(〈프랑프랑〉의 모기업인 BALS 사장), 코스게 마사오(전 아사히야마동물원 원장), 쿠스노키 켄(경영학자) 등이다. 대담에 참여해주신 분들께는 이 자리를 빌려 감사의 말씀을 드린다.

독자의 시점에서 가능한 한 이해하기 쉽게 다수의 사례와 경험담을 들어가며 써내려갔다. 독자 여러분이 마지막 책장을 덮으며 '읽길 잘했다' '사길 잘했다'고 생각해준다면, 나로서는 '쓰길 잘했다'는 생각에 더할 수 없이 행복하겠다.

스즈키 토시후미

제1장

'새로운 것'은 어떻게 탄생 하는가?

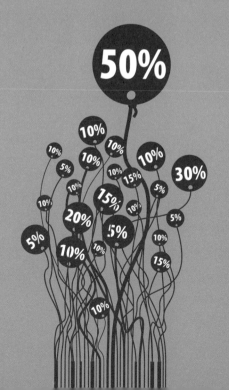

01 :
아무리 고급요리라도
사흘 먹으면 싫증난다

의외라고 생각할지 모르지만 나는 초등학생 때 극도로 소심하고 낯가림도 심한 아이였다. 집에서는 책도 술술 잘 읽는데 학교에 가서 선생님이 호명만 했다 하면 머릿속이 하얘지면서 더듬거리고 만다. 정답은 분명 아는데 주눅이 들어 다른 애들이 다 손을 든 후에야 쭈뼛쭈뼛 손을 드는, 그런 아이였다.

소심하고 답답한 내 성격이 너무 싫었다. 중학교에 들어가 그런 성격을 어떻게든 바꿔보고 싶어 웅변부에 들어갔다. 그때부터는 사람들 앞에서 말하는 것도 서서히 익숙해지고, 고등학교 때는 학생회장에 추천될 정도가 되었다. 하지만 근본적인 성격은 좀처럼 바뀌지 않아 지금도 초면인 사람과 일대일로 이야기하는 것은 잘하지 못한다. 특히 잡담을 나누는 것이 영 서툴다. 30분만 지나면 이야깃거리가 바닥나 무슨 이야기를 어떻게 해야 할지 난감할 때가 많다.

그런 내가 세븐&아이홀딩스에서 매년 4번 발행하는 사보《사계보》를 통해, 매회 각계에서 활약하는 저명인사들과 대담을 나눠온 지 어언 20년이 흘렀다. 지금까지 80명 이상의 인사들과 대담을 나누면서 수많은 의미 있는 발견을 할 수 있었다.

아이돌그룹 AKB48의 종합프로듀서로서 수완을 발휘하고 있는 아키모토 야스시 씨와 대담을 할 때도 그랬다. 아키모토 씨는 다수의 명곡을 작사하여 사회현상이라 할 만한 붐을 여러 차례 일으킨, 시대의 최첨단을 달리는 다재다능한 창작가이다.

아키모토 씨는 우리 그룹에서 실시하는 각종 캠페인에도 종종 도움을 주고 있는 은인이다. 밸런타인데이 마케팅전략에서는 〈'고백'에서 '감사'로〉라는 지금까지와는 전혀 다른 발상이 고객의 마음에 반향을 일으켜 커다란 성과를 올릴 수 있었다. 어버이날의 프로모션에서는 〈감사의 마음을 목소리에 담자〉를 테마로 엄마와 딸이 함께 즐긴다는, 전에 없던 새로운 콘셉트를 제안해주었는데, 이 역시 대반향을 일으켰다.

AKB48은 우리 그룹에서 운영하는 인터넷쇼핑 세븐네트쇼핑에 오피셜숍을 오픈하고 있고, 세븐일레븐에서도 종종 공동기획을 전개하여 호평을 얻고 있다.

업무상의 이러한 인연으로 대담에도 참여해준 아키모토 씨. 격심한 변화가 끊임없이 반복되고 있는 사회에서 아키모토 씨는 어떻게 사람들의 마음을 사로잡는 '제안'을 내놓고 있는가? 아키모토 씨가 생각하는 사람의 마음을 휘어잡는 '새로움'이란 어떤 것일까? '소비의 포화상태'라고 일컬어지는 시대를 타파하기 위한 발상의 비결을 캐는 것이 대담의 주된 주제였다.

우리 그룹은 '변화에 대한 대응'과 '기본에 철저'라는 두 가지 주요 슬로건을 내걸고 있다. 이것을 알고 있는 아키모토 씨는 '변화에 발맞춰 대응을 바꿔가지 않으면 이길 수 없다고 생각한다'며 프로듀서로서도 변화대응이 정말 중요하다는 이야기로 대담의 문을 열었다. 아키모토 씨는 세상이 끊임없이 변화하고 있음을 자신의 경우를 예로 들어 이야기해주었다.

"소비라는 측면에서 보면 지금의 젊은이들과 나 같은 50대와는 감각이 전혀 다릅니다. 예컨대 열한 살의 나이차가 있는 나와 아내의 경우, 사물을 소유한다는 관념이 전혀 다릅니다. 예를 들어 나는 전구나 화장지 같은 필수품은 항상 여분을 사두고 싶어 하는데, 아내는 코 닿을 데에 편의점이 있으니까 떨어졌을 때 사러 가면 된다고 생각하거든요. 또 음악 역시 우리 세대는 LP앨범을 구매해서 좋아하는 아티스트의 세계를 감상했었죠. 그런데 지금의 젊은이들은 듣고 싶은 음악만을 인터넷에서 다운받아 듣습니다.”

소비에 대한 가치관 자체가 점차 변화하고, 아무리 부부라도 띠동갑쯤 되면 가치관은 자연히 다를 수밖에 없다. 그러니 변화에 대응하는 유연성이 중요하다고 지적한 후 아키모토 씨가 들려준 이야기는, 개그계에서 기타노 타케시나 톤네루즈, 다운타운 등 벌써 수십 년간 제일선에서 인기를 누리고 있는 연예인들이 '잘 나가는 이유'였다.

'질리지 않는 웃음'은 '관점'이 다르다

아키모토 씨에 따르면 개그계에서도 '보편적인 웃음'과 '질리게 하는 웃음'이 있다고 한다. 그 해의 유행어가 될 만한 말을 만들었다 하더라도 거기에 너무 안주할 일이 아니다. 유행어의 인기가 사그라지면 그것으로 끝이기 때문인데, 이것이 바로 '질리게 하는 웃음'이다.

반면 기타노 타케시의 웃음은 그런 '질리게 하는 웃음'이 아니라, 지금 화제가 되고 있는 것을 '재료'로 삼고 그것을 자신의 '관점'을 통해 뭔가 재미있는 이야기로 창조해낸다. 그 웃음의 '관점'이 재미있기 때문에 질리지 않는다는 것이다.

더욱 흥미로웠던 것은 변하지 않는 '관점'과 새로운 '재료'와의 관계를 아키모토 씨가 '한약'과 '항생물질'에 빗대어 말한 것이다. 새로운 것을 창작해낼 때는 오랜 기간 처방해서 체질을 개선하는 '한약'처럼 장기적으로 지속하는 자세, 즉 변하지 않는 '관점'을 기반으로 하고, 그 위에 '항생물질'처럼 즉효성이 있는 새로운 '재료'를 가미함으로써 결과적으로 히트를 창출해내는 것이 가장 이상적이라는 말이다.

아키모토 씨가 작사하고 제작하여 미소라 히바리의 유작이 되었던 대히트곡 〈흐르는 강물처럼〉은 그 전형이라 할 수 있다. 사람의 인생을 흐르는 강물에 비유하는 일본인 특유의 감성세계를 기반으로 하면서, 파란만장한 인생을 살아온 미소라 히바리라는 가수가 노래한 '인생의 응원가'라는 즉효성 있는 새로운 요소를 더하였다. 그 결과 오랜 팬들은 물론이고 젊은 세대들에게도 대인기를 얻은 명곡이 탄생한 것이다.

들은 바에 따르면 아키모토 씨가 뉴욕에 거주한 지 1년쯤 되었을 때, 하루하루 망향의 상념에 젖어있던 그가 '나는 지금 무엇을 하고 있는가?'라는 자괴감에 빠져 방 아래로 흐르는 이스트리버를 바라보는데, 그때 문득 〈흐르는 강물처럼〉이라는 제목과 노랫

말이 떠올랐다고 한다. 타향에서의 경험이 기존의 엔카(演歌)와는 전혀 다른 새로운 요소를 도입하게 했는지도 모른다.

변하지 않는 '관점'과 새로운 '재료'가 질리지 않는 '보편적인 웃음'을 창출해낸다. '한약'과 같은 지속적인 자세를 기반으로 하고 '항생물질'과 같은 즉효성 있는 재료를 새롭게 도입하여 히트상품을 만들어낸다. 이와 같은 창출방식은 다른 여러 분야에서도 찾아볼 수 있다.

아사히야마동물원의
인기 비결

폐원위기를 극복하고 일본 유수의 인기동물원으로 거듭난, '기적의 변혁'을 실현시킨 홋카이도 아사히야마동물원의 전 원장인 코스게 마사오 씨와도 《사계보》를 통해 대담의 자리를 가진 적이 있다. 동물원이나 동물의 세계에서도 아키모토 씨가 지적했던 것과 같은 창출방식이 이뤄지고 있었다.

아사히야마동물원도 한때는 동물을 우리에 가두고 모습과 모양의 차이를 보여주는 기존의 '형태전시'를 유지했었다. 그런데 1980년대 후반에 들어 폐원의 위기에 직면하자, 코스게 씨를 리

더로 한 동물원 스태프들은 '앞으로의 동물원은 어떤 모습이어야 하는가?'라는 자신들이 만들어가야 할 '상(像)'을 새롭게 찾기 시작했다.

동물원을 찾은 고객들이 동물의 생명을 느낄 수 있는 것은 동물이 자유의사로 움직이는 순간이 아닐까? 그렇다면 동물들이 자기의사로 걷고 뛰며 고유의 능력을 발휘할 수 있는 환경을 만들어야 한다. 그렇게 생각한 동물원 스태프들은 '생명을 느낄 수 있는 동물원'이라는 콘셉트를 새로운 기본자세로 정했다. 그리고 동물 본연의 활기 넘치는 움직임을 유도하고 보여주는 '행동전시'라 불리는 새로운 전시법을 독자적으로 창출해내었고, 그 결과 관람객의 압도적인 지지를 얻었다.

이 '행동전시'라는 아이디어가 탄생하게 된 경위에 대해서는 나중에 자세히 소개하겠지만, 여기에서 주목하고 싶은 것은 그 이후의 노력들이다. 동물들의 매력을 관람객들에게 충분히 보여주기 위해서는 '동물들이 즐겁게 하루를 보내도록 하는 것이 무엇보다 중요한데, 동물들이 지루해서 나뒹굴기만 해서는 안 된다'며 코스게 씨는 이렇게 말했다.

"동물들이 즐겁게 지내는 동안 어느새 하루가 가는, 그런 하루하루를 보내고 있는 동물들을 볼 수 있다면 고객의 입장에서는 그보다 좋은 일이 또 어디 있겠습니까? 우리는 바로 그런 동물원을 만들고자 철저하게 고민합니다."

무엇보다 인상적이었던 것은 그다음 말이었다.

"그런데 동물은 한 가지 시설을 가지고 놀면 금방 지루해하고 맙니다. 그러니 새로운 시설을 연이어 생각해둘 필요가 있지요."

동물이 지루해하고 심심해하면 관람객 역시 지루하다. '생명을 느낄 수 있는 동물원'이라는 변함없는 '관점'과 지속적인 자세를 기반으로 하면서, 항상 새로운 '재료'와 즉효성이 있는 요소를 도입한다. 그러한 노력들이 아사히야마동물원의 '질리지 않는 동물원'으로써의 인기를 유지해주고 있다.

예컨대 원숭이동산의 경우, 자연계와 똑같이 먹이를 쉽게 얻을 수 없도록 여기저기에 숨겨두기 때문에 원숭이는 온 신경을 집중해서 먹이를 찾아먹으려 한다. 그런데 감추는 방법이 매번 똑같으면 원숭이도 금방 시들해질 것이고, 내원객 역시 이내 지루해지고 만다. 그래서 매번 먹이를 숨기는 방법을 새롭게 연구하지 않으면 안 된다. 그러한 노력 덕분에 동물들의 새로운 모습 역시 잇달아 등장한다고 한다.

아무리 고급요리라도
사흘 먹으면 싫증난다

여기에 아키모토 야스시 씨와 아사히야마동물원을 소개한 이유는 '판매력'의 기본 중 하나가 응축되어 있기 때문이다. 가령 음식의 경우, 맛있는 것을 내놓지 않으면 고객은 사지 않는다. 그런데 '맛있는 것'에는 또 하나 이면이 있다. '싫증난다'는 것이 바로 그것인데, 맛있으면 맛있을수록 그만큼 싫증이 잘 난다.

실제로 옛날 본사가 치요다 구에 있을 때, 주변에 적당한 식당이 없어 임원들은 매일 점심을 장어나 초밥 혹은 요리점의 고급 도시락 등을 배달해 먹었다. 두말할 것 없이 맛있었다. 하지만 좋은 건 처음 몇 번이고 계속 먹다 보면 싫증이 난다. 맛있는 것일수록 잘 물린다는 것을 그때 물리도록 경험했다.

우리가 제공하는 상품도 마찬가지다. 2013년 4월부터 우리 그룹의 프라이빗브랜드(PB)인 〈세븐프리미엄〉보다 한 단계 업그레이드된 고급브랜드 〈세븐골드〉 시리즈로 〈황금식빵〉을 출시했다. 세븐프리미엄에서도 식빵을 판매하고 있지만, '더 맛있는 식빵을 만들자'는 나의 제안으로 개발된 상품이다. 한정생산되는 스페셜브랜드의 밀가루를 100% 사용하고 맥아엑기스를 추가하여 숙성시킨다. 홋카이도산 생크림과 캐나다산 벌꿀을 넣어 단맛의 깊이를 더하고 손으로 동그랗게 뭉치는 수고로운 공정까지 포함한 〈황금식빵〉은 단맛과 쫀득한 식감이 끝내준다.

가격은 6매입 한 봉지에 250엔. 타 제조사의 식빵보다 50% 이상, 기존 PB상품의 두 배가 넘는 가격에도 불구하고 맛 덕분인지 발매 2주 만에 판매개수 65만 개를 돌파했다. 계획보다 50%를 웃돌던 매출은 그 뒤에도 가속되더니 4개월 만에 1천5백만 개가 팔리는 인기상품이 되었다.

이럴 때 보통은 판매에 더 열을 올리라고 지시하겠지만, 나는 발매 직후부터 전혀 다른 지시를 내렸다.

"당장 다음 리뉴얼판 상품개발을 시작하도록!"

황금식빵은 맛이 월등히 뛰어난 상품이다. 그렇게 맛있는 만큼 싫증도 빨리 난다. 고객이 싫증을 낸 이후에 다음 상품을 개발할 것이 아니라, 싫증을 느꼈을 때 바로 다음 상품을 투입할 수 있도록 지금부터 연구에 착수하도록 하는 것이다.

고객의 니즈에 대응하기 위해서는 정말 맛있지 않으면 안 된다. 그것은 동시에 '고객이 싫증 낼 (정도로 맛있는) 상품'을 만들고 있는 것과 같다. 싫증 나지 않을 상품을 만드는 것이 진짜라고 생각하기 쉽지만, 그것은 진짜 같은 거짓말이다. 우리는 고객이 싫증 낼 (정도로 맛있는) 상품을 매일매일 지치지 않고 공급해야만 한다. 그처럼 불합리한 작업들을 거쳤을 때 비로소 '싫증 나지 않는 상품'을 지속해서 제공할 수 있게 되는 것이다.

유행도 그렇다. 유행이란 것은 일정량을 넘겼을 때 비로소 유행이 된다. 어떤 옷이든 입은 사람이 불과 몇 명에 지나지 않는다면 기발해 보일 것이다. 그러다 유행이 될 것 같다 싶으면, 인간에게는 '모두와 같아지고 싶어 하는 심리'가 있기 때문에 어울리든 어울리지 않든 다들 그 옷에 매달리고, 결국 유행이 탄생한다.

그런가 하면, 인간에게는 모두와 같아지고 싶어 하는 심리와 함께, 거기에서 다시 벗어나 '나는 달라야 한다'는 자기차별화 의식도 있다. 그렇기 때문에 유행이 일정량에 달하면 싫증을 느끼고 새로운 것을 찾아 떠난다. 결과적으로 유행은 오래 지속되지 않는다. 즉, 유행을 좇아 장사를 한다는 것은 고객이 싫증 낼 상품을 팔고 있다는 얘기이고, 혹은 고객이 그 상품에 싫증을 느끼도록 상황을 만들어내고 있는 셈이다. 그러므로 어디까지 유행을 좇을 것이며 어디쯤에서 새로운 유행으로 갈아탈 것인가를 적절히 판단하여 항상 '싫증 나지 않는 상품'을 제공할 수 있도록 노력해야 한다.

이때 중요한 것은 변하지 않는 '관점'을 가지면서 어떻게 새로운 '재료'를 만들어낼 것인가이다. 즉 지속적인 자세를 기반에 두면서 어떻게 즉효성 있는 새로운 요소를 도입해 히트상품을 만들어낼 것인가가 핵심이다.

40년 전에 창업한 세븐일레븐을 비롯해 그룹의 각 기업을 경영해오면서 내가 일관되게 추구해온 것이 바로 그러한 노력이었다. 그렇기 때문에 아키모토 씨의 생각에 공감할 수 있었던 것이다.

어떻게 하면 고객이 추구하는 새로운 것을 만들어낼 수 있을까? 변함없는 '관점'과 새로운 '재료'를 과연 어떤 사고방식으로 바라보아야 할까? 지금까지의 나의 경험과 만나온 사람들, 대담에 참여해준 여러 사람의 활약을 예로 들어가며 차근차근 이야기해보기로 하자.

02 :
'배가 부른 사람'에게
무엇을 먹일 것인가?

나는 대학을 졸업한 후 출판중개업인 도쿄출판판매, 통칭 '토한'에 취직했다. 그리고 1963년 서른 살에 종합슈퍼마켓인 이토요카도로 전직하였는데, 그렇다고 유통업이 목적이었던 것은 아니다. 전직할 당시에는 전혀 다른 목적이 있었다.

토한에 몸담고 있었던 20대 후반에는 홍보과에 소속되어 《신간뉴스》라는 격주간 PR지의 편집을 담당했었다. 《신간뉴스》는 '책을 많이 구입하는 독서가를 위한 책자'라는 이유로 신간목록이 중심이었고, 발행부수는 고작 5천 부로 초라한 존재였다.

내가 하는 일이란 매일 출간되는 수십 권의 책을 훑어보고 내용을 간략히 요약해 목록으로 만드는 것이었다. 그것을 3년간 계속했다. 신간서적을 처음부터 끝까지 읽을 시간도 없을 뿐 아니라 천성이 귀찮은 걸 싫어하는 나는 내 나름의 속독법을 익혔다. 먼저 목차를 보고 전체적인 분위기를 파악한다. 그런 다음 주요부분만 골라 읽고 마지막을 읽으면 대략의 내용을 요약할 수 있다.

이왕 하는 일이니 발행부수를 늘려도 좋으련만, '더 이상 광고비를 늘릴 수 없다'며 직속상관인 부장과 담당 임원은 그럴 생각이 추호도 없었다. 비용은 서점과 토한이 절반씩 부담하여 사실 무료로 배부하고 있었기 때문이다.

그럼 내용을 재미있게 만들어서 유료로 판매하면 어떨까? 아무리 독서가라도 매일 책만 읽지는 않을 터, 한숨 돌릴 휴식 같은 책자를 원할 수도 있지 않을까? 이렇게 생각한 나는 신간목록의 수를 줄이고 가벼운 읽을거리를 늘렸다. 판형도 기존의 절반 정도되는 콤팩트한 B6판(주간지의 절반 사이즈)으로 바꾸고, 권당 20엔에 판매하는 개혁안을 생각해냈다.

기획에서 편집, 취재, 원고집필, 제작에 이르는 모든 작업을 내가 맡아야 했기 때문에 많은 것을 배울 수 있었다. 기획도 가능한 한 참신한 것을 생각했다. 문호 타니자키 쥰이치로 씨와 그가 좋아하는 여배우 아와지 케이코 씨의 대담, 도쿄대학 재학 중에 아쿠타가와상을 수상한 신세대 작가 오에 겐자부로 씨와 여배우 오카다 마리코 씨의 이색대담, 인기작가인 요시유키 쥰노스케 씨와 그의 급우를 통해 들은 비화, 신진 SF작가 호시 신이치 씨의 초단편 소설 등등, 리뉴얼판은 어떤 기획이든 하나같이 반응이 좋아 발행부수를 5천 부에서 13만 부까지, 그야말로 20배 이상을 늘리는 데 성공했다. 스물아홉 살 때의 일이다.

'책을 파는 회사의 PR지이기 때문에 신간목록을 가능한 한 많이 실어야 한다' '독서가를 위한 책자라면 신간목록이 많을수록 좋다'는 기존의 편집방침은 출판물이 적었던 시절의 과거경험에 얽매인 사고방식으로 판매자가 주체가 된 발상이었다.

그에 비해 나는 '이렇게 고생해서 만드는데 이왕이면 더 많은 사람이 읽게 해야 한다' '기고해준 작가들에게도 면목이 없다'는 마음이 강했다. 그래서 어떻게 하면 보다 많은 사람이 볼 수 있게 할까? 독자의 입장에서 생각하고 발상한 것이 지면의 개혁안이었다.

'판매자의 입장에서'가 아니라 모든 것을 '고객의 입장에서' 생각한다. 《신간뉴스》의 개혁은 나에게 발상의 전환이 얼마나 중요한가를 강하게 심어주었다. 나의 변하지 않는 '관점'의 기본, 그것은 항상 '고객의 입장에서' 생각하는 것이다. 그에 대해서는 앞으로도 종종 이야기할 기회가 있을 것이다.

설탕을 사재기 하는
여성고객의 심리

그 후 내가 직접 보고 경험한 시장의 변화에 대해 이야기하자.

리뉴얼판《신간뉴스》를 편집하면서, 출판중개업의 강점을 이용해 대작가나 저명인사들을 얼마든지 만날 수 있었다. 그것은 '토한'이라는 든든한 간판이 받쳐주고 있었기에 가능했던 일이지 내 실력 때문은 결코 아니었다. 어쨌든 각 분야에서 활약하고 있는 사람들을 만날 때마다, '이대로 괜찮을까?'라고 내 삶에 대한 온갖 의구심과 고민들이 고개를 쳐들었다. 때마침 그때 일을 하다 알게 된 매스컴 관계자들과 함께 텔레비전 방송을 제작하는 독립프로덕션을 설립하자는 이야기가 거론되었다.

1960년대 전반의 일로, 오락의 주역이 영화에서 텔레비전으로 옮겨가고 있던 시대였다. '내 능력을 시험해보자' 하는 생각에 스폰서를 찾아 나선 곳이 1년 전에 전직을 생각하고 면접을 봤던 이토요카도였다. 당시의 나는 종합슈퍼마켓이라는 업종에 대해 아는 것 하나 없었고, 고작 면접 때 한 번 방문했던 것이 전부였다.

다시 찾아가 담당 간부에게 독립프로덕션에 대한 제안을 했는데, 그때 "어차피 할 거면 우리 회사에 와서 하면 되지 않겠는가?"라는 담당자의 말에 솔깃해서 그대로 전직을 결정했던 것이다. 그런데 막상 입사해서 담당 간부에게 말을 꺼냈더니 웬걸! '그건 나중 일'이라며 손사래를 치는 것이 아닌가? 그에겐 그럴 의사가 애당초 없었고, 오로지 사람이 필요했을 뿐이었다.

하지만 부모형제와 토한 상사들의 반대를 무릅쓰고 한 전직이었던지라, '실패였다, 그만두겠다'고는 차마 말할 수 없었다. 내가 결정한 이상 내가 책임진다. 나는 이토요카도에서의 업무에 전심전력을 다했다.

판매촉진, 인사, 광고 등 재무경리 이외의 거의 대부분의 관리부문을 겸했다. 내게 관리부문만을 담당하게 했던 데는 다른 이유가 있었는지도 모른다.

사실 연말 성수기가 되면 관리부문의 사람들도 점포로 지원을 나가야 했다. 이토요카도 센쥬점의 신사복 매장으로 지원을 나갔을 때의 일이다. 같은 지원팀에 원래 중고차 판매회사에 다니던 동료가 있었는데, 그가 고객 앞에 나섰다 하면 척척 팔리는 데 비해, 나는 소심증에 심한 낯가림이 도져서 하나도 제대로 팔지 못했다. "자네가 앞에 서 있으면 꼭 싸우자고 덤비는 것 같다니까!"라는 말을 들었을 정도였다.

그 후로 소매업에 종사하면서도 판매는 말할 것도 없고 계산대에 서본 경험도 없다. 우리 그룹에서 판매경험이 없는 사람은 나밖에 없을 것이다. 하지만 그 덕분에 업계의 기존상식에 얽매이는 일 없이 업무개혁에 과감히 착수할 수 있었고, 일본 최초의 본격적인 편의점 체인을 설립할 수 있었으니 사람의 운명이란 참으로 알다가도 모를 일이다. 이에 대한 이야기는 다음에 하기로 하자.

어쨌든 나는 판촉업무를 한 차례 한 후 인사부로 발령이 났고, 오로지 그 일에만 또 매달렸다. 그 후 일본의 소비사회가 어느 순간부터 크게 전환하는 것을 목격하게 된다.

판촉업무에서는 행사상품의 전단지를 만들었기 때문에, 배부하는 날 아침이면 점포로 나가 고객현황을 살피는 것이 통례였다. 그런 이유로 나는 당시 본사에서 가장 가까운 센쥬점을 매주 방문해야 했다. 그곳에서 내점객들을 지켜보던 나는 특이한 경우를 목격하게 된다. 이벤트 때마다 와서 추천상품인 설탕을 사가는 중년의 여성고객이 있었는데, 정말 매주 한 번도 안 빠지고 설탕을 사가는 것이 아닌가!

어떻게 설탕을 저렇게 많이 쓸 수 있지? 이상하게 생각한 나는 그 여성고객과 이웃에 살아 서로 알고 지낸다는 사원이 있어 이유를 물어봐 달라고 부탁했다. 사원의 보고에 따르면, 그 고객의 집 벽장에는 절반 넘게 설탕이 쟁여져 있다고 한다. 전쟁 중에 설탕을 구할 수 없는 시절을 경험했고, 그 기억이 아직도 뚜렷이 남아 있는 그 고객은 종전 이후 20년이 지난 지금에도 습관처럼 설탕을 사고 만다는 것이었다.

당시의 경제는 한창 고도성장기였다. 저것도 갖고 싶고 이것도 사고 싶어 하는 소비자들의 왕성한 구매의욕으로 수요가 공급을 웃도는 소비과잉의 시대가 계속되고 있었다. 상품을 진열장에 놓기 무섭게 팔리던 시절이다.

물론 전쟁 때와는 달리 설탕도 슈퍼마켓에 가면 얼마든지 살 수 있었다. 그런데도 행사만 하면 설탕을 사재기하던 여성고객의 행동은 소비과잉시대의 소비자의 왕성한 구매의욕을 상징적으로 보여준다.

판매자가 자기들 형편대로 상품을 제공하면 고객은 어느 때고 사주었고, 안 팔릴 때도 가격만 싸게 하면 으레 잘 팔렸다. 그야말로 공급자가 왕이던 시절이었다. 그때는 딱히 '판매력'이란 것이 필요 없었을지 모른다.

소비과잉의 시대에서
생산과잉의 시대로

그런 일본의 소비사회에 변화가 생겼음을 내가 처음 느낀 것은 1970년대 전반의 일이다. 그때까지는 슈퍼마켓의 행사용품으로 설탕이든 간장이든 소금이든 추천상품으로 내놓기만 하면 개점과 동시에 불티나게 팔렸던 것이, 그 무렵부터 진열대에 제품이 남기 시작했다.

1970년대 전반이라고 하면, 1971년에 달러쇼크(미국 닉슨정권에 의한 달러와 금의 교환정지)로 인해 엔화 시장이 달러당 360엔에서 308엔으로 절상되었고, 1973년에는 오일쇼크로 원유가격이 급등했다. 이듬해인 1974년 처음으로 일본경제가 마이너스성장을 경험하면서 고도성장은 막을 내리고 안전성장으로 이행하는 시기였다.

그 무렵부터 사회 전체에 물건이 넘치게 되고 소비과잉에서 생산과잉으로, 판매자시장에서 소비자시장으로 시대가 변하기 시작했다. 그것을 상징이라도 하듯 고객에게 새로운 가치를 제공한다는, 그때까지 없었던 새로운 발상의 상품과 서비스 그리고 업태가 하나둘 등장했다.

1971년 7월, 햄버거체인인 맥도널드재팬 제1호점이 도쿄 긴자에 오픈했다. 같은 도쿄 긴자의 보행자천국에 특설매장이 등장하면서 걸어 다니며 먹는다는 새로운 식습관을 추구하는 젊은이들이 장사진을 이루며 긴자거리를 빙 둘러쌌다.

그리고 1974년 5월, 세븐일레븐 제1호점이 도쿄 토요스에 오픈했는데, 그것은 기존의 소형가게와는 방향성이 전혀 다른 것이었다.

당시의 정책은 상점가의 소형가게들에 대해 '영업시간을 저녁 6 시까지로 단축' '일요휴업' 등을 지시하고, 그것이 생산성 향상과 종업원 확보로 이어진다고 주장했다. 하지만 '저녁 6시 폐점'으로 고객의 지지를 얻을 리 없었고, 정부가 예상한 만큼 생산성도 오를 리 없었다.

한편 세븐일레븐은 창업 당시에는 아침 7시에 문을 열고 밤 11시에 문을 닫았는데, 2년째인 1975년부터는 24시간 영업을 개시하였다. 그리고 상품종류 역시 처음에는 시행착오의 연속이었지만, 판매현황을 철저하게 파악하여 고객이 원하는 상품을 원하는 순간에 원하는 만큼 제공하는 방법을 지속적으로 추구하기 시작했다.

그 후 40년 동안, 사회가 소비자시장으로 점차 변해가는 것과 궤를 같이하며 세븐일레븐은 모든 것을 '고객의 입장에서' 생각하고, 그곳에 가면 반드시 고객이 찾는 새로운 것이 있다고 믿을 수 있는 점포 만들기를 지속해왔다.

'생산과잉'이란 물건이 넘치도록 많고 사회 전체가 유복한 것을 의미한다. 그런 세상에서 사람은 무엇을 추구할 것인가? 나는 곧잘 이런 비유를 들곤 한다. 테이블에 여러 가지 음식들이 늘어서 있다. 배가 고플 때는 전부 먹을 수 있기 때문에 그다지 좋아하지 않는 것부터 먹기 시작하고 좋아하는 음식은 맨 나중에 먹게 미뒤둘 수도 있다. 하지만 반대로 배가 부를 때는 좋아하는 것, 그리고 먹어본 적이 없는 새로운 것을 골라 먹으려고 한다. 지금은 생산과잉으로 인해, 이를테면 고객은 배가 부른 상태다. 그러므로 새로운 가치를 제공할 수 있는 상품만이 팔리게 된다. 그럴 때 가장 중요한 것은 고객이 새로운 가치를 느끼도록 얼마나 '고객의 입장에서' 생각할 수 있는가이다.

예를 들어 남성용 와이셔츠를 생각해보자. 비즈니스맨이라면 와이셔츠를 넉넉하게 가지고 있을 것이다. '지금은 생산과잉 시대라 물건이 팔리지 않는다' '옷장이 꽉 차서 다들 사려고 하지 않는다'라고 학자나 평론가들은 말한다. 그것은 물건을 양으로 보기 때문에 가능한 주장으로, 그렇게 따지면 와이셔츠 장사가 될 리 만무하다.

하지만 비즈니스맨도 새해가 밝고 새로운 패션의 와이셔츠가 출시되면 사고 싶어진다. 새롭다는 것에 가치를 느끼면 소비자는 사게 된다. 남아돌기 때문에 성급하게 살 필요는 없다고 말하면서도, 한편으로 사람들은 항상 새로운 것을 추구한다.

그것이 지금 시대이고, 그런 시대이니만큼 판매자의 '파는 힘'이 절실히 요구된다.

03 :
A와 A′는 다른 것 같지만,
고객의 눈엔 같은 A다

생산과잉의 시대라도 고객은 새로운 것을 추구한다. 바꿔 말하면 다른 사람의 흉내를 아무리 잘 낸다고 해도 남을 따라 해서는 성공하기 힘들다는 말이다.

소비과잉의 시대였다면 수요가 충분했기 때문에, 어떤 상품이 성공하면 '나도 따라 해볼까?'라고 생각할 수 있었다. 실제로 후발시장진입으로 돈을 번 유명기업도 있다. 하지만 수요가 부족한 시대에, 후발시장진입은 좀처럼 통용되지 않게 되었다. '판매력'이 요구되고 시장이 어디에 있는지 스스로 찾아 나서지 않으면 안 된다.

이에 대해 아키모토 씨도 나와 같은 생각을 피력했다. 아키모토 씨는 이렇게 단언한다.

"〈고추기름〉이 유행하면 그다음으로 무엇이 유행할까를 생각할 때, 〈생고춧가루〉 등 엇비슷한 상품의 틀을 벗어나지 못합니다. 하지만 그 틀 안에는 더 이상 크게 히트할 것이 남아있지 않지요."

또한 아키모토 씨는 언제 어디서나 이렇게 말한다고 한다.

'해바라기가 붐일 때는 민들레 씨앗을 뿌려라'라고.

연예계에 대해 아는 건 별로 없지만, AKB48은 연예계에서는 이색적인 지역이라 할 수 있는 아키하바라를 거점으로 '만나러 갈 수 있는 아이돌'이라는 콘셉트를 가지고 출발했다고 한다. 지금은 국민적인 아이돌그룹으로 성장한 AKB48이 '해바라기가 붐일 때의 민들레 씨앗'이라는 발상에서 탄생했다고 생각하면 참으로 흥미롭다.

'플러스사고' 전성기 때는
'마이너스사고'를

'해바라기가 붐일 때는 민들레 씨앗을 뿌린다.'

대히트를 친 사람들의 공통점은 역시 모방하지 않는다는 것이다. 출판불황이 지속되는 가운데에도 폭넓은 분야에서 밀리언셀러와 베스트셀러 작품을 꾸준히 내고 있는 출판사 겐토샤를 이끄는 켄죠 토오루 씨 역시 그렇다. 켄죠 씨에게는 일본을 대표하는 출판인의 한 사람으로 《사계보》의 대담에 참여해줄 것을 부탁했었다.

그와의 대담에서 가장 인상적이었던 것은 270만 부의 베스트셀러가 된 작가 이츠키 히로유키 씨의 수필 《대하의 한 방울》이 탄생한 경위다. 켄죠 씨가 이츠키 씨와 대화를 나누던 중에 이츠키 씨가 이런 이야기를 했다고 한다.

"지금은 플러스사고가 대유행인데, 정치도 경제도 사회도 앞날이 불투명할 때는 오히려 마이너스사고가 적합하다."

이츠키 씨는 그렇게 말하며 중국 전국시대의 정치가이자 시인인 굴원(屈原)의 고사를 예로 들었다고 한다.

"일은 제대로 안 되고, 친구는 배신하고, 질병은 누구도 피할 수 없고, 이상하게 고집을 부리면 실패하고. 이런 시대에는 그것을 전제로 하여 흐르는 대로 사는 수밖에 없다."

굴원은 원대한 포부도 있고 능력도 출중했지만 주위 사람들의 참언(남을 해하기 위해 거짓을 꾸며 윗사람에게 고하는 일)으로 인해 일생을 불우하게 살 수밖에 없었다. 켄죠 씨는 그 이야기를 듣는 순간 이츠키 씨에게 '꼭 글로 써달라'고 의뢰하였다고 한다.

때는 바야흐로 1990년대 말, 금융기관의 경영파탄이 잇따르고 사회에 불안감이 만연해 있었다. 그러한 가운데 플러스사고야말로 심신에 최고의 약이 된다고 역설한 《뇌내혁명》이 베스트셀러가 되는 등, 그야말로 플러스사고가 대유행하던 때였다.

그에 비해 《대하의 한 방울》은 '이럴 때일수록 인생은 고통과 절망의 연속이라고 포기하는 것에서부터 시작해야 한다' '아픔과 고통을 적대시하여 싸우는 것은 그만두자. 부처도 신란(親鸞)도 궁극의 마이너스사고에서 출발하였다'라고 역설했는데, 그것이 오히려 독자의 마음에 진정한 용기와 살아갈 희망을 일깨웠다. 해바라기가 붐일 때 민들레 씨앗을 뿌려 베스트셀러를 탄생시킨 것이다.

A와 A′는 다른 것 같지만, 고객의 눈엔 같은 A다

소매업도 마찬가지다. 〈프랑프랑(Francfranc)〉은 '도시에 혼자 사는 25세 독신여성'을 핵심타깃으로 하여, 20~30대 여성들에게 압도적인 지지를 얻고 있는 패션성이 높은 인테리어 잡화전문점

• 일본 가마쿠라[鎌倉]시대의 불교 승려로 악인정기설(惡人正機說)을 주장하며 새로이 정토진종(淨土眞宗)을 열었다.

이다. 모기업인 발스(BALS)는 'Value by Design(디자인으로 가치를 창조한다)'을 슬로건으로 내걸고 새로운 라이프스타일을 제안해오고 있다.

그 창업자이자 사장인 타카시마 후미오 씨 역시 '어제의 고객이 추구한 것을 내일의 고객에게 제공하면 안 된다'는 나의 지론과 같은 의견을 가지고 있었다.

타카시마 씨는 상품개발담당에게 이렇게 지시한다고 한다.

"현재의 A라는 상품을 A′로 하는 정도의 개발은 인정할 수 없다. A를 반드시 B나 C로 만드는 혁신을 지속하지 않으면 고객은 이내 싫증 내고 만다"라고.

우리는 히트 중인 A라는 상품을 보면 A의 연장선에 있는 A′를 떠올리기 쉽다. 인간은 좋은 예를 보면 그 장점을 받아들이려고 하는 심리가 작용하기 때문이다. 하지만 판매자 눈에는 A와 A′가 달라 보이더라도 고객의 눈에는 같은 A로 비친다. 그러니 A가 아니라 B나 C를 제시해야 한다.

실제로 프랑프랑에서는 '고정상품'이라는 개념이 없고 연간 30%는 상품을 교체하여 신진대사를 꾀한다고 한다. 연간 70%의 상품을 교체하는 세븐일레븐과는 업종이 다른 만큼 단순히 비교할 수는 없지만, 항상 새로운 상품을 제공하는 것도 인기의 비결일 것이다.

세븐일레븐의 경우, 창업 이래 타사를 모방하는 일은 절대 없었다. 나는 한때 사원들에게 '타사의 매장을 견학해서는 안 된다'고 지시한 적도 있다. 물론 그것이 잘못되었다는 이야기는 아니다. 단순히 '모방하지 마라'라고 말하면 사원들은 좀처럼 구체적인 느낌을 감지하지 못한다. 그래서 '타사의 매장을 보면 안 된다'는 아주 엄중한 표현을 썼던 것이다.

세븐일레븐 전 점포의 하루평균매출은 약 67만 엔. 다른 대기업 체인을 20만 엔 가까이나 웃도는 수준이다. 보기에는 같은 편의점이라도 세븐일레븐을 지지해주는 고객들이 그만큼 많다는 얘기다. 거기에는 여러 가지 요인이 복합적으로 얽혀있겠지만 새로운 시장을 스스로 찾고, 해바라기가 붉일 때 민들레 씨앗을 뿌리고, A'가 아닌 B나 C라는 상품을 항상 개발해왔던 것이 가장 큰 요인이 아닐까.

경쟁이란 자기차별화다. 사회가 풍요로워질수록 '판매력'에서의 자기차별화가 요구된다는 것을 잊어서는 안 된다.

04 :
감동을 주기 위해서는
'발견'이 중요하다

아키모토 씨에게 들었던 '코코아와 버터와 책'의 이야기도 인상적이었다. 새로운 것을 탄생시킨다는 의미의 혁신에는 두 가지가 있는데, 하나는 지금까지 존재하지 않았던 개념의 것을 만들어내는 것이고, 또 하나는 기존의 개념에 새로운 의미를 더하여 혁신하는 것이다. 세븐일레븐의 창업은 전자에 해당하고, 황금식빵은 후자에 해당한다. '코코아와 버터와 책'은 새로운 것이라도 모든 것이 전혀 새로울 필요는 없다는 이야기 중에 나온 예였다.

유럽에서는 겨울이면 코코아에 소량의 버터를 넣어 마시기도 하는데, 깊은 맛이 더해져 훨씬 맛있다고 한다. 하지만 일본에는 전혀 알려지지 않은 방법이다. 그런 만큼 '가을에서 겨울까지의 기나긴 밤에는 버터 한 조각을 넣은 따끈한 코코아를 한 손에 들고 책을 읽자'고 제안하면, 지금까지 없었던 조합을 많은 사람들이 신선하게 느끼지 않겠는가, 그러한 제안의 신선함도 중요하지 않겠는가 하는 이야기였다.

코코아 자체는 옛날부터 있어 왔던 음료로 전혀 새로울 것이 없다. 버터와 책도 마찬가지. 하지만 코코아에 버터와 책을 매치시킴으로써 새로운 의미가 탄생하고 단순한 A′가 아니라 B라는 별개의 의미를 갖게 된다.

이처럼 지금까지 없었던 조합을 제안하고 제공하는 것을 아키모토 씨는 '예정조화를 깬다'라고 표현한다. 예정조화(豫定調和)란 원래는 철학용어로 '세계의 질서가 유지되는 것은 신에 의해 이미 조화가 정해져 있기 때문이다'라는 설인데, 때로는 '누구나 예상하는 흐름대로 일이 진행되고 결과 역시 예상대로 된다'는 의미로 사용되기도 한다.

아키모토 씨에 따르면 코코아와 버터와 책의 조합처럼, 어디에나 있는 상품처럼 보이는데 사실은 다른 것과 달라서 '아니, 이럴 수가!'라고 생각하게 하는 것이 '예정조화를 깨는 일'이라는 것이다. 하지만 괴이함을 지나치게 뽐내는 것은 예정조화를 깨는 일이 결코 아니다. 예컨대 햄버거에 단팥을 넣는 식의 기발한 발상을 했다 하더라도, 일시적인 이슈는 될지 모르지만 이내 시들해지고 말 것이다.

"소매업의 매력은 예정조화를 깨는 새로운 제안이 끊이지 않아, '이번에는 어떤 새로운 제안이 기다리고 있을까?'라는 가슴 설레는 기대를 갖게 하는 게 아닐까요?"

아키모토 씨의 이 말은 '판매력'의 본질을 아주 멋지게 표현해주고 있다.

편의점의 고정관념을 깬
세븐일레븐의 시도

세븐일레븐 전 점포의 하루평균매출은 2009년에 약 62만 엔이었던 것이 2012년에는 약 67만 엔으로 3년 동안 큰 폭의 상승세를 보였다. 이 역시 편의점의 예정조화를 깨고 고객으로 하여금 '이번에는 어떤 새로운 제안이 기다리고 있을까?'라는 기대를 품게 한 성과라고 생각한다.

편의점은 원래 식욕이 왕성한 젊은이들을 주요 고객층으로 상정하여 도시락과 삼각김밥 등 즉석에서 먹을 수 있는 상품을 제공함으로써 성장을 거듭해왔다. 덕분에 사람들 사이에 '편의점 하면 그런 가게다'라는 고정된 이미지가 형성되기도 했다. 만일 그 고정관념대로 있었다면 가게는 매너리즘에 빠지고 매출은 아마도 침체되고 말았을 것이다.

하지만 세븐일레븐은 2009년 가을부터 '지금 시대에 요구되는 가깝고 편리한'이라는 새로운 콘셉트를 내걸고, 상품종류도 대폭 수정하기 시작했다. 반찬 메뉴의 종류를 늘리고, 포테이토샐러드와 고기감자조림 등 고품질에 적당한 가격의 소량패키지 상품을 세븐프리미엄 시리즈로 차례차례 개발해 투입했다. 식사에 드는 수고와 번거로움에 대한 해결책을 제공하는 '밀 솔루션(meal solution)' 상품들을 본격적으로 투입함으로써 편의점의 존재의미를 크게 전환시킨 것이다.

그것은 '편의점에서 식사용 장보기를 한다'는 새로운 제안을 의미했다.

성과는 1년 반 이후 숫자로 나타났다. 이듬해인 2010년 소비불황이 극심한 가운데 타사 체인의 매출이 전년과 같거나 전년보다 밑돌았던 데 비해 세븐일레븐은 전년도 매출을 웃도는 실적을 올린 것이다. 숫자를 끌어올린 주된 요인은 고령자와 40세 이상 여성고객의 증가였다.

전년대비 남녀별 고객 수를 보면, 남성고객은 전체적으로 전년도와 같았는데, 여성고객은 매월 105~110%로 증가하였다. '편의점에서 식사용 장보기를 한다'는 새로운 제안이 여성고객의 마음을 움직였음을 의미한다.

이후에도 실적은 꾸준히 올라, 2012년도에는 대규모 편의점 체인 중에서 세븐일레븐만이 매출상승률에서 플러스 성적을 올렸다.

변하지 않는 '관점'과
새로운 '재료'의 조합

편의점의 고정관념을 깬 품종의 대폭적인 수정 배경에는 시장의 대대적인 변화가 있었다. 2000년대 중반, 세븐일레븐을 비롯한 편의점 체인들의 매출이 계속적으로 전년도를 밑도는 시기가 있었다. 매스컴은 반복적으로 '편의점업계의 시장포화설'을 떠들어댔다. 동종업계의 경영자들 입에서도 '국내의 편의점 시장은 이미 포화상태이기 때문에 앞으로는 해외진출'이라는 말들이 나돌았다.

그럼에도 나는 일관되게 "시장은 지금 크게 변화하고 있다. 변화에 대응해가는 한 시장포화는 있을 수 없다. 오히려 편의점이야말로 앞으로 가장 성장하지 않으면 안 된다"고 주장해왔다.

편의점업계의 실태를 알고 싶다면 진짜 눈여겨 봐야 할 것은 소비시장의 구조 자체가 지금 크게 변하고 있는 현실이다. 그중에서도 가장 큰 변화는 저출산 및 고령화의 진전이다. 총인구가 감소하고 급속도로 저출산 및 고령화 현상이 진행되어 젊은층의 인구가 감소하면, 편의점처럼 좁은 상권에서 장사를 하는 업종은 그 영향을 직접적으로 받게 된다.

2009년 당시, 세븐일레븐 내점객의 연령구성도 과거 10년 동안 극적으로 달라졌다. 1999년에 가장 많았던 연령층은 20대로 35%를 차지했고 50대 이상은 14%로 가장 낮았던 것이, 2009년에는 50대 이상이 2배가 증가한 28%로 가장 많았고, 20대는 22%로 10년 전의 3분의 2로 줄었다.

반면 저출산 및 고령화와 독신의 증가를 배경으로 1인가구가 증가했다. 앞으로도 한 가구당 구성원수는 점차 감소할 것으로 예상된다. 추계에 따르면, 부부와 자녀로 구성된 세대가 전체에서 차지하는 비율이 2010년에는 약 28%였던 것이 20년 후에는 약 24%로 감소하고, 1인가구는 반대로 약 32%에서 37%로 증가한다고 한다. 그때가 되면 65세 이상의 고령자세대가 전체의 40% 가까이를 차지하고, 그 3분의 2 이상이 혼자 혹은 부부만의 세대가 될 것으로 예상된다.

또 여성의 취업률이 해마다 증가하여 이미 60%가 넘었다.

마트까지 가지 않아도 집 근처의 편의점에서 원하는 상품을 원하는 분량만큼 살 수만 있다면, 그곳에서 장보기를 끝내고 싶어 하는 것은 자연스러운 현상이 아닐까? 그렇게 생각한 나는, 편의점의 고정관념을 깨고 '편의점'과 '식사용 장보기'를 결부시켜 새로운 편의점 만들기에 도전했다.

그 후 '시장포화'를 외치던 다른 체인들도 뒤따라 같은 노선을 걷게 되었고, 편의점업계 전체의 업적도 향상되어 '편의점 부활'이라는 말까지 듣게 되었다.

편의점이라는 말은 원래 '편리한 가게'라는 의미다. 일본 최초의 본격적인 편의점인 세븐일레븐은 초기의 텔레비전 광고의 '열려있어 다행이야!!'라는 카피처럼, 일본인의 생활시간이 확대되어가는 가운데 바로 가까이에서 언제든 열려있는 편리성을 제공했다.

그로부터 30년 이상이 지난 지금, 다시 '가깝고 편리한'이라는 콘셉트를 내건 밑바탕에는 세븐일레븐으로서의 변하지 않는 '관점'이 있었다.

기존매장의 매출저조가 계속되었던 것은 '편의점이란 이런 곳이다'라는 고정관념에 빠져, 연령층이 높아진 고객이 추구하는 편리성이라는 니즈에 충분히 대응하지 못했기 때문이다. 그러나 고정관념을 깨고 품종의 대폭적인 수정에 도전하고, 항상 '고객의 입장에서' 생각하여 고객도 의식하지 못한 잠재적인 니즈에 대응한다면 매출은 반드시 오르게 된다는 것을 확인할 수 있었다.

이렇게 변하지 않는 '관점'을 가지고 거기에 새로운 '재료'를 가미함으로써 점포의 존재방식을 진화시켜간다. 그것이 '가깝고 편리한'이라는 콘셉트 하에 추진했던 상품개혁이었다.

감동을 주기 위해서는
'발견'이 중요하다

고정관념을 깨고 고객에게 '감동'을 주는 새로운 제안을 지속한다. 아키모토 씨는 '감동'이라는 감각을 제공하기 위해서는 제안하는 당사자 자신이 일상생활 속에서 '감동'할 만한 '발견'을 하는 것이 중요하다고 말한다.

하지만 모두가 같은 방향으로만 생각한다면 '발견'은 좀처럼 찾아오지 않는다. 아키모토 씨가 하나의 방법으로 제안한 것은 유격대와 같은 존재를 배치하는 것이다. 기업이란 원래 하나의 목적을 향해 가는 집단이지만, 그런 집단의 모두와는 다른 방향을 향해 가면서 '아니, 이럴 수가!'라고 생각될 만한 것을 발견하고 찾아내는 유격대 역시 필요하다.

세븐일레븐 본사에서는 지금 한 특명부대가 활동을 개시했다.

"미래의 편의점상(像)을 모색하라!"

그것이 사내에 설치한 〈스토어 이노베이션 팀〉에게 내가 내린 미션이었다.

20대에서 40대 전반의 청년층과 장년층으로 구성된 전담팀은 온갖 현장을 찾아다닌다. 그야말로 유격대다. 예컨대 주택설비 기기의 전시회 등 언뜻 보면 편의점 경영과는 무관해 보이는 장소를 찾아가 미래의 식탁풍경을 상상한다. 이를테면 코코아에게 버터나 책이 될 만한 장소를 찾아 나서는 것이다. 그리고 수많은 '감동'이 되어줄 '발견'을 얻어 거기에서 미래의 편의점상을 모색한다.

새로운 것을 탄생시키기 위해서는 고통이 수반될지 모르지만, 팀에게는 맘껏 고민하고 맘껏 상품을 만들게 한다. 실패해도 상관하지 않는다. 간부들에게도 "여러분, 하고 싶은 말이 있더라도 절대 말해서는 안 됩니다!"라고 엄명을 내려두었다.

그들에게 요구하는 것은 과거의 경험에 얽매이지 않고 도전하는 것이다. 어쩌면 지금의 편의점과는 전혀 다른 업태가 탄생할지도 모른다. 40년 전 세븐일레븐을 창업했을 때 '편의점에서 식사용 장보기를 한다'라는 상상은 엄두도 내지 못했던 것처럼, 10년 후 혹은 20년 후의 편의점은 전혀 다른 모습이 되어있을지도 모른다. 고객에게 '감동'이라는 감각을 끊임없이 제공하는 한 싫증 낼 일도 포화상태가 될 일도 없다.

코코아를 팔 때 코코아만 보아서는 그 어떤 '감동'도 '발견'도 있을 수 없다. 고정관념에 빠질 것 같을 때 '코코아와 버터와 책'의 조합을 떠올려볼 일이다.

05 :
'40%의 고객'에게
눈을 돌려라

'코코아와 버터와 책' 이야기는 각각을 떼어놓고 보면 딱히 새로울 것도 없지만, 조합과 결합을 통해 지금까지 없었던 새로움이라는 가치를 창조해내는 발상법이다. 고정관념을 깨는 발상법에 대해 다른 각도에서 살펴보기 위해, 먼저 한 가지 이해하기 쉬운 예를 소개하도록 하자.

플라워샵 체인인 〈아오야마플라워마켓〉은 역내나 백화점 등에 하나둘 점포를 늘려가며 플라워비즈니스 세계에 새로운 돌풍을 일으키고 있는 기업으로 대단한 인기와 급성장을 구가하고 있다. 모기업인 〈파크코포레이션〉을 스물다섯 살에 창업한 사장 이노우에 히데아키 씨와 대담을 했을 때 창업 당시의 이야기를 들을 수 있었다. 설립경위를 돌이켜보면, 아오야마플라워마켓도 플라워샵의 고정관념을 깨트림으로써 고객이 '아니, 이럴 수가!'라는 감동을 느끼고 '새로운 제안'에 가슴 설레어 단번에 관심이 집중되었음을 알 수 있다.

이노우에 씨는 대학을 졸업한 후 미국에서 단기간 일을 하다 귀국하였고, 귀국 직후 기업을 하기로 결심한다. 어릴 때부터 친숙했던 꽃에 주목해 처음에는 무점포 완전예약제로 꽃을 공급하는 사업을 생각해냈다. 꽃시장에 가보고 도매가격과 소매가격이 엄청난 차이가 난다는 사실에 놀란 그는, 판매방법을 연구하면 종래의 판매가격보다 훨씬 저렴한 가격에 꽃을 판매할 수 있을 거라고 확신했다. 그래서 처음에는 꽃 자체를 적정한 가격에 제공하는 것에서부터 시작했다.

물론 저가에 판매한다는 모델 자체는 결코 새롭지 않다. 실제로 그 이후 대규모 유통업이 이 시장에 참여하게 되었고, 뭔가 색다른 부가가치가 없으면 경쟁력이 없을 거라 생각한 이노우에 씨는 이어서 꽃꽂이 등 기능을 가진 사람들을 모집해 이벤트나 파티 등에 꽃꽂이를 전시하는 일에 착수했다.

그때 이벤트 등에서 사용하는 꽃과 일상적으로 가정에서 쓰는 꽃꽂이용 꽃이 다르다는 사실을 알게 되었다. 만일 이벤트 등에서 사용하는 화려한 꽃들을 일상용으로 쓰도록 제안하면 고객들이 좋아하지 않을까? 그렇게 생각한 이노우에 씨는 이벤트용의 화려함과 일상적인 평범함을 결합한 플라워샵을 운영하기 시작했다.

이벤트에 사용되는 화려한 꽃을 가정용으로 판매하고, 그것을 기존보다 훨씬 합리적인 가격에 제공한다. 이 모델은 꽃 판매업에 만연해있는 고정관념을 깨는, 전에는 없었던 새로운 시도였다. 신선한 제안을 받은 고객들의 구매의욕은 불타올랐고, 그렇게 새로운 시장은 탄생되었다.

아오야마플라워마켓의 발상의 기발함은 이벤트용 꽃과 가정용 꽃이라는, 기존에는 전혀 별개의 것이었던 두 꽃을 결합했다는 점이다. 그러한 사실을 관점을 바꿔서 살펴보자. 주목할 것은 가정용으로 판매하는 꽃에 대해 '고품질'과 '편의성'이라는 두 가지 축을 놓고 생각할 때, 이벤트에서 사용하는 화려한 꽃이라는 '고품질'과 기존보다 훨씬 합리적인 가격이라는 '편의성'을 양립시켰다는 사실이다.

'고품질'과 '편의성'은 일반적으로는 트레이드오프 관계에 있다. 보통 트레이드오프라고 하면 '양자택일'로 해석되며 백이냐 흑이냐 어느 한쪽을 택하고 다른 한쪽을 버린다고 이해하는 경우가 많은데, 고객의 니즈에 대응하고자 할 때 이것은 결코 올바른 해석이라 할 수 없다.

고객은 '고품질'만으로도 만족하지 않고 '편의성'만으로도 만족하지 않는다. '고품질'이냐 '편의성'이냐의 트레이드오프에서, '편의성'이라면 편의성 일변도가 아니라 거기에 '고품질'을 얼마나 가미시켰는가? 반대로 '고품질'이라면 고품질 일변도가 아니라 그 안에 얼마나 '편의성'을 접목시켰는가? 바로 거기에서 새로운 가치가 탄생한다.

포인트는 '고품질'과 '편의성'이라는 가로와 세로 두 가지 좌표축으로 시장을 볼 때, 경쟁타사도 진출하지 않았고 누구도 손을 댄 바 없는 '공백지대'를 찾아 자기차별화를 꾀하는 것이다. 아오야마플라워마켓은 가정용으로 판매하는 꽃에 대해, 이벤트용의 화려한 꽃이라는 '고품질'과 기존보다 훨씬 합리적인 가격이라는 '편의성'을 가미함으로써 누구의 손길도 닿지 않은 공백지대를 발견해 지금까지 없었던 새로운 가치를 창조해냈다. 그 공백지대는 고객의 입장에서 보면 그야말로 자신들도 깨닫지 못했던 잠재적 니즈의 정곡을 찔린 것과 같은 것이다.

이노우에 씨는 꽃 판매에 있어서는 완전한 초보자로 제로에서 출발한 사람이다. 만일 이노우에 씨가 꽃 시장과 유통업계에 몸담았던 프로였다면, 고급스러움을 다투는 '고품질경쟁'이나 저가를 내세우는 '저가경쟁'을 펼쳤을지도 모른다. 하지만 그는 스물다섯 살에 꽃 시장에 처음 발을 들여놓은 왕초보였기에, 과거경험에 얽매이고 고정관념에 빠지는 일 없이 공백지대를 발견할 수 있었다. '초보자의 강점'에 대해서는 나중에 다시 이야기할 기회가 있을 것이다.

히트상품은
공백지대에서 탄생한다

세계적인 히트상품들을 보면 경쟁상대가 진출하지 않은 '고품질'과 '편의성'의 공백지대를 발견해 새로운 가치를 제공한 경우가 많다.

우리 그룹의 PB상품인 세븐프리미엄이 바로 그렇다. 2012년도에는 1천7백 품목을 발매하여 각 품목별 매출액 약 3억 엔으로, 경쟁사의 PB와 3배 가까이 차이를 내는 강력한 판매력을 과시하였다. 단일품목으로 연간 매출 10억 엔을 넘기는 아이템이 92품목에 달하는, 유통의 PB상품으로는 달리 예를 찾아볼 수 없는 실적이었다. 그 히트상품도 처녀지인 공백지대를 발견해냈기에 가능했던 것이다.

유통의 PB상품 하면 종래에는 '제조업자의 내셔널브랜드(NB)보다 저렴한 상품'이라는 이미지가 일반적이었다. 즉 가격의 적절함을 추구하는 노선이다. 그와 반대로 나는 자사의 PB상품에 대해 저가우선이 아니라 '고품질'을 추구하고, 나아가 그룹 내의 편의점에서든 슈퍼마켓에서든 백화점에서든 같은 가격으로 판매하도록 지시를 내렸다. 사내에서는 '고객은 저가의 PB상품을 원한다'라며 부정적인 목소리도 있었다. 하지만 그것은 고정관념일 뿐 고객에게 새로운 가치를 제공할 수는 없다.

그룹 전체에서 같은 가격으로 판매하는 시도에 대해서도 그룹의 각사에서 반대의 목소리가 높았다. 편의점 측은 정가보다 가격을 내려서 파는 슈퍼마켓과 같은 상품을 같은 가격으로 내놓을 수는 없다고 했고, 슈퍼마켓 측은 반대로 편의점과 같은 가격의 상품을 취급할 수는 없다고 주장했다. 그런가 하면 백화점 측은 슈퍼마켓이나 편의점이 취급하는 상품을 백화점에서 취급할 수는 없다고 했다. 그들의 반대론은 하나같이 과거의 경험에 얽매인 발상이었다.

그런데 '고객의 입장에서' 생각하면 어떨까? 고객은 세븐프리미엄의 상품에 대해 '200엔을 내고 살만큼의 가치가 있다'라고 생각하면, 세븐일레븐에서든 슈퍼마켓에서든 백화점에서든 상관하지 않고 산다. '어디서나 같은 가격이라면 안 사겠다'고는 생각하지 않는다.

중요한 것은 고정관념을 부정하고 세븐일레븐이든, 슈퍼마켓이든 혹은 백화점이든 간에 같은 가격으로 판매하더라도 고객이 가치를 인정하고 어디서든 살 수 있는, 지금까지는 없었던 상품을 개발하는 것이 아니겠느냐고 설득하면서 일을 추진했다.

그리고 종래에는 자사의 NB상품이 있기 때문에 유통기업의 PB상품은 제조하지 않았던 대규모 제조업자를 설득하여 끊임없이 '고품질'을 추구하는 상품을 개발해나갔다. PB상품은 기획에서 제조와 판매까지 일괄적으로 이뤄지기 때문에 광고비와 판매경비를 줄일 수 있고, 판매량에 따라 생산량을 조절함으로써 가격도 적절하게 유지할 수 있다. 또 제조사가 명확하지 않은 PB상품이 많은 가운데 세븐프리미엄은 제조사를 명기함으로써 안전을 중시하는 고객의 요망에도 부응하였다.

이렇게 일반적인 PB상품이 가격면에서의 '적절함'에만 치우치는 것에 비해, NB상품과 동등 이상의 '고품질'을 실현하면서 동시에 가격의 '적절함'까지 실현하여 PB상품의 공백지대에 투입한 세븐프리미엄은, 편의점과 슈퍼마켓과 백화점 등 업종과 점포를 불문하고 대히트상품이 되었다.

또한 전문점에 버금가는 품질을 저렴한 가격으로 제공한, 한 단계 업그레이드된 세븐골드 시리즈도 더 향상된 '고품질'을 실현하여 새로운 공백지대를 개척함으로써 히트상품이 되었다. 세븐골드는 황금식빵처럼 일반적인 NB상품보다 가격이 비싸다. 그럼에도 불구하고 최상의 '고품질'을 추구함으로써 식빵시장의 공백지대를 개척할 수 있었다.

고객의 '60%'보다
'40%'에 주목해야

'고품질'과 '편의성'의 두 좌표축에서 저가우선을 내세우며 '편의성'을 추구하려는 사람들도 당연히 있다. 그 영역에도 시장은 있고 고객도 있다. 가령 상품가격의 저렴성을 중시하는 고객과 질에 가치를 두는 고객이 있고, 그 비율이 6 대 4라고 하자. 어느 쪽을 타깃으로 삼아야 할까?

'고품질'을 추구하기보다 저가우선의 '편의성'이 인기상품을 만들기는 쉽다. 60%의 고객이 그것을 추구한다면 판매자의 대부분은 그쪽을 선택할 것이다.

하지만 그 결과, 60%의 고객에 대해 판매자의 90%가 상품을 공급하면 머잖아 포화상태가 되고 가격경쟁에 빠지게 된다. '편의성'을 우선시하는 영역은 실제로 그러한 경향에 처해있다. PB상품 중에서도 저가우선의 상품은 재고가 생기면 가격을 낮춰 판매한다.

반대로 질을 추구하는 40%의 고객에 대해 판매자의 10%가 그 니즈에 대응하면, 거의 경쟁이 없는 상태에서 압도적인 지지를 얻을 수 있다. 세븐프리미엄이 PB상품으로서는 예를 찾아볼 수 없는 매출을 올리는 것이 바로 그것을 말해준다.

진입이 쉽고 누구나 겨냥하는 60%의 고객에게만 눈을 돌릴 것이 아니라, 공백지대에 있는 40%의 고객에게 주목하고 그들의 니즈에 대응함으로써 큰 성과를 얻을 수 있다. 시장의 크고 작음에 마음을 빼앗길 것인가, 자기차별화로 살아남을 길을 개척할 것인가의 차이가 여기에 있다.

편의점에서 이 정도까지!?

편의점 시장을 '고품질'과 '편의성'의 두 가지 좌표축으로 보았을 때, 세븐일레븐 자체는 일반적인 편의점과는 명백하게 다른 영역을 지향해 왔다. 그것은 전 점포 하루평균매출에서 경쟁사와 20만 엔 가까운 차이를 만들어낸 하나의 요인이 되었다.

세븐일레븐 역시 편의점인 이상 기본적으로는 '편의성'을 추구한다. 하지만 그것만으로는 고객에게 독자적인 가치를 실감하게 할 수 없다. 먹는 것이라면 "편의점에서 이 정도까지 하다니!?"라고 전문가도 놀랄 정도로 최상의 '고품질'을 추구한다.

예컨대 대표적인 상품 중 하나인 어묵만 보더라도, 국물을 내기 위한 가츠오부시(가다랑어포)를 만드는 데서부터 심혈을 기울인다. 먼저 탁하지 않고 투명한 국물을 내기 위해 지방분이 적은 가다랑어를 적도 부근의 어장을 지정해 포획한다. 냉동하면 해동할 때 침출액과 함께 맛이 빠져나가기 때문에 냉동도 하지 않고, 어장 근처의 가공공장으로 운반해 맛 성분이 절정을 이루는 하루 이틀 후에 신속하게 가공한다.

불에 쬐이며 건조시키는 배건(焙乾) 공정도 수고롭더라도 옛날 방식 그대로를 고집하며 '테비야마 식'과 '타키나야 식'의 2단계 배건법을 실시한다. 테비야마 식에서는 찜통에 차근차근 놓은 가다랑어의 위치와 차곡차곡 쌓아올린 찜통의 위치를 민첩하게 바꿔가며 골고루 건조시킴으로써 맛이 빠져나가지 못하게 한다. 그리고 타키나야 식으로 지긋이 시간을 들여 정성껏 불에 쬐여 완성시킴으로써 가츠오부시 본연의 맛과 향을 한층 더 끌어낸다. 그런 철두철미한 우리의 배건 공정을 보고 가츠오부시제조업자마저도 "편의점에서 이 정도까지 하다니!?"라며 놀랐을 정도다.

또한, 국물을 우려낼 때도 맛이 강하게 우러나는 아라부시와 깔끔한 국물이 나오는 귀한 카레부시(표면에 곰팡이가 피게 하여 맛 성분을 이끌어낸 가츠오부시)를 적당한 배합으로 섞어 사용한다.

도시락의 경우를 보자. 가령 숯불구이 도시락을 만들 때, 다른 편의점업계들은 중국에서 숯불구이한 고기를 냉동 수입하는 방법이나 지방이 숯불에 구워지는 냄새를 향료로 내는 방법을 사용한다. 그럴 때 우리는 3년이라는 시간을 들여 숯에 대한 연구에서 시작해 본격적인 자동숯불구이기를 완성시켰다.

2013년 1월부터 각 점포에 도입하기 시작해 7월에는 누계판매 수가 1억 잔을 돌파한 갓 볶은 커피 〈세븐카페〉도 마찬가지다. 셀프식 드립커피로 레귤러사이즈(150밀리리터)가 한 잔에 100엔이라는 '편의성'에 철저한 '고품질'을 더하였다.

원두는 각국에서 수확된 것 중에서도 최고급만을 엄선하여 커피감정사의 확인을 거친 원두를 사용한다. 볶을 때도 커피의 단맛을 보다 많이 끌어내기 위해 2단계의 온도에서 두 번의 공정을 거쳐 볶아내고, 그 콩을 각 점포에 냉장온도(10도 이하)로 배송해 볶아낸 직후의 품질을 유지한다. 물은 추출하기 좋게 단물을 사용하고, 원두를 즉석에서 갈아서 페이퍼드립 한다.

디자인 역시 소홀히 할 수 없다. 일본 최고의 아트디렉터 중 한 사람으로 세븐일레븐 디자인의 총제작을 담당하고 있는 사토 카시와 씨에게 부탁하였다. "커피를 음미하는 일상의 시간을 보다 품격 있게 만들고 싶다는 마음을 담았습니다"라는 사토 씨.

이렇게 '편의성' 안에 '고품질'을 철저하게 추구한 세븐카페는,

커피숍과도 패스트푸드점과도 다른 '편의점에서 사서 테이크아웃 한다'는 커피시장의 공백지대를 개척하기 위한 것이었다. 결과는 '지금까지 없었던 고품질의 커피'라는 평과 함께, 출퇴근하는 사람이 많은 비즈니스거리는 물론 30~50대의 주부나 노년층이 주고객인 주택가의 점포에서도 새로운 니즈를 개발하였다.

재구매율은 55% 이상으로 세븐일레븐에서 판매하는 식품 중에서도 가장 높고, 구매자의 약 절반이 여성이다. 기존의 캔커피 구매자 중 여성 점유율이 약 30%였던 것을 고려하면, 세븐카페는 그야말로 시장의 공백지대를 개척하는 데 성공했다 할 수 있다.

계획을 40% 웃도는 판매량을 올려 첫해의 연간판매목표도 3억 잔에서 4억 5천 잔으로 상향조절하였다. 이것은 대규모 패스트푸드점의 연간 커피판매수를 가볍게 뛰어넘는 숫자다. 최후의 목표는 '일본 제일의 커피를 파는 가게'가 되는 것이다.

세븐일레븐의 경우, 식품의 안전성 면에서도 '고품질'을 추구한다. 세븐일레븐은 도미넌트(Dominant, 고밀도다점포출점) 방식이라 하여, 일정한 구역 안에 점포별 상권을 인접시키면서 단기간에 집중적으로 출점해 점포망을 확대해가는 방법을 취하고 있다. 도시락이나 삼각김밥 같은 일상적인 상품을 공동으로 개발하는 '벤더'라 불리는 제품공급업자가 출점구역 근처에 전용공장을 세워도 경영이 유지되기 때문에 전용공장 비율은 90%가 넘는다. 이는 편의점업계에서 압도적인 우위를 차지하는 숫자다.

도시락공장에서 보존제나 합성착색제를 사용하지 않는 것만으로는 충분하지 않다고 보고, 간장 등의 양념이나 햄과 절임 같은 원재료의 제조업자에게도 일반적으로 사용되고 있는 보존제 등을 일절 사용하지 않고 세븐일레븐 전용으로 따로 만들게 하고 있다. 예를 들면 햄이나 소시지 등의 가공식품에 식감을 높이는 첨가물로 사용되는 인산염을 세븐일레븐의 샌드위치용 햄류에는 일절 사용하지 않도록 제조업자에게 협력을 구하고 있다. 그것이 가능한 것도 전용공장에서 제조하기 때문으로 타사 제품에 사용되는 원재료와의 교차오염이 발생하지 않는다.

이처럼 식품안전성 면에서도 '고품질'을 철저히 고수한다.

현장 점포에서는 '품목관리' '상품의 신선도관리' '친절한 서비스' '청결한 매장'이라는 4개 항목을 〈기본4원칙〉으로 정하고 철저하게 실행에 옮긴다. 그것을 위해 점포 한 곳 한 곳에 OFC(Operation Field Counselor)라 불리는 점포경영상담원이 매주 정기적으로 방문하여 점포운영의 컨설팅을 실시한다.

본사도 2천 명이 넘는 OFC 전원을 전국 각지에서 도쿄 본사로 2주마다 불러들여, 최신정보와 성공사례 등을 공유한다. 나도 강연형식을 빌려 편의점 경영의 기본을 반복적으로 강조함으로써 그들이 체득할 수 있도록 한다. OFC는 다시 현장점포로 돌아가 자신이 얻은 정보를 토대로 점포의 사정에 맞게 조언하고 가르친다.

이런 사이클을 반복하면서 편의점에서 제공하는 상품과 서비스의 품질을 향상시켜 가는 것이다. 이처럼 '편의성'이라는 틀 안에 '고품질'을 제공할 때 비로소 고객들은 가치를 인정해준다.

편의점은 어느 체인이나 비슷해 보인다. 그런데 어떻게 전 점포 하루평균매출이 경쟁사에 비해 월등히 차이가 날 수 있을까? '고품질'과 '편의성'의 두 가지 좌표축으로 편의점의 세계를 들여다볼 때, 세븐일레븐은 '편의성'을 기본으로 하면서도 '고품질'을 최상까지 추구하여 다른 편의점과는 전혀 별개의 영역에 존재한다는 것이 강점의 원천이라고 생각한다.

그런데 나는 왜 이렇게까지 '고품질'을 추구하는가? 그것은 항상 질적인 가치를 높이는 것이 나의 변하지 않는 '관점'이기 때문이다. 그 위에 새로운 '재료'를 하나둘 창조해간다. 아키모토 야스시 씨가 말하는 기타노 타케시의 '질리지 않는 웃음'에 내가 공감하는 이유가 바로 여기에 있다.

06 :
변하지 않으면 어느새
불모지대에 빠져버린다

주변의 업계를 둘러봐도 기세가 당당한 기업 중에는 트레이드 오프 전략이 명확한 곳이 많다. 가격 면에서의 '저렴함'을 추구하면서 기능 면에서의 '고품질'도 고려하는 〈유니클로〉는 그 대표격이라 할 수 있다.

백화점도 '고품질' 일변도로만 가면 금방 싫증 나고 만다. 상품과 서비스 모든 면에서 '편의성'도 도입해야만 백화점으로서의 가치를 인정받을 수 있게 되었다. 우리 그룹 산하의 백화점인 세이부와 소고의 식품매장에 세븐프리미엄 상품을 입하해 큰 실적을 올린 것은 그 좋은 예다.

이토요카도에서는 도쿄 내에서 주로 식품을 취급하는 소형슈퍼마켓 〈이토요카도 식품관〉을 운영하고 있는데, 기본 콘셉트는 '고품질'과 '편의성'이다.

예를 들면 JR중앙선 아사가야역 주변은 인구밀도가 높은 지역인데, 저가노선의 종합슈퍼마켓이 역 앞에 하나 있을 뿐이었다. 같은 전략으로는 고객에게 가치를 인정받지 못한다. 역 앞에 점포를 낸 이토요카도 식품관 아사가야점은 '편의성'에 '고품질'을 밀도 높게 더함으로써 공백지대였던 수요를 개척하는 데 성공했다.

종합슈퍼마켓도 의류의 경우 고전을 면치 못하고 있는데, 가격의 '저렴함'뿐만 아니라 평상복이라도 '고품질'이 느껴지는 패션성을 얼마나 도입하느냐에 따라 비로소 편의성이 인정받을 수 있다.

IT기기 역시 크게 히트한 상품은 대개 공백지대에 투입되고 있다. 예컨대 애플사의 아이패드(iPad)를 보자. 나는 천성적으로 귀찮은 걸 싫어해서 컴퓨터도 주로 마우스만 사용하고 키보드를 두드리는 건 형편없다. 그런 점에서 볼 때 아이패드는 화면만 터치하면 되는 직관적인 조작으로 언제든지 풍부한 콘텐츠를 이용할 수 있고, 어디든 가지고 다닐 수도 있다. 기능면의 '고품질' 안에 '편의성'을 도입한 점이 훌륭하다.

반대로 트레이드오프의 방향성이 명확하지 않고 '고품질'도 '편의성'도 어중간하면 고객의 선택에서 제외되고 만다. 내가 한 차례 읽고 전략적인 시야를 넓히는 데 도움이 될 것 같아 사원들에게 추천한《트레이드오프 : 초일류 기업들의 운명을 바꾼 위대한 선택》(케빈 메이니 저)이라는 책이 있다. 이 책은 '고품질'도 '편의성'도 어중간해지면 시장의 '불모지대'에 빠지게 된다고 엄격하게 충고한다.

그 한 예로 미국의 스타벅스를 들고 있다. 스타벅스는 초창기 '여유로운 한때를 보내기 위한 오아시스'를 제공한다는 콘셉트를 내걸고, '고품질'을 기본전략으로 하면서 커피숍의 '편의성'까지 도입하여 고객의 절대적 지지를 얻었다.

그런데 스타벅스를 세계적 체인으로 성장시킨 하워드 슐츠가 은퇴한 후, 월가의 기대에 부응한 새로운 경영자의 지휘 아래 2000년대 중반부터 매장수를 확대하는 노선으로 전환하였다. 그런데 점포수가 증가함에 따라 커피의 맛과 향이 떨어지고, 매장 내에 커피향 대신 아침식사용 샌드위치 냄새가 진동하기 시작했다. 스타벅스의 자랑이었던 '파트너'라 불리는 종업원들의 고객서비스 수준도 급격히 떨어졌다. '고품질'의 질은 떨어지고, 그렇다고 맥도널드 정도의 '편의성'도 없이 불모지대로 떨어진 스타벅스의 매출은 급락했다. 위기상황을 극복하기 위해 하워드 슐츠가 복귀한 뒤 다시 '고품질'로 궤도를 수정함으로써 경영을 제자리로 돌려놓을 수 있었다.

세븐일레븐은 미국이 발상지인데, 원조의 세븐일레븐도 1980

년대 그 불모지대로 떨어진 적이 있었다. 슈퍼마켓이 24시간 영업을 시작하고 할인전략을 강화한 것에 대항해, 편의점도 각 체인이 그 뒤를 이어 같은 할인전략으로 내달린 것이 원인이었다. 결과적으로 격렬한 가격경쟁에 휘말려 수익이 곤두박질치는 악순환이 계속되었다. 편의점이 상품아이템 수에서 월등한 슈퍼마켓과 가격으로 경쟁해서 이길 리 만무하다. '고품질'도 오간 데 없고 '편의성'도 어중간해져 경영은 파탄에 이르렀고, 결국 우리에게 지원을 요청해왔다.

미국으로 날아간 나는 세븐일레븐 재팬의 경영방법을 전수했다. 패스트푸드류의 품질과 신선도를 높이는 등 '편의성'과 더불어 '고품질'을 도입하는 전략을 철저하게 실천하여 재도약을 이뤄냈다. 미국의 세븐일레븐은 현재 우리의 자회사가 되었다.[*]

만일 어느 기업의 실적이 답보상태라면 '고품질'과 '편의성'이라는 두 가지 좌표축에서 어느 방향성을 지향하는가 하는 트레이드오프 전략이 이도 저도 아닌 어중간한 상태는 아닌지 확인해야 할 것이다.

---

[*] 세븐일레븐 재팬은 1991년 경영난에 빠진 세븐일레븐의 모기업 사우스랜드를 매수해 자회사로 편입시켰다.

변하지 않으면 어느새
불모지대에 빠져버린다

이처럼 '고품질'과 '편의성'의 트레이드오프를 고려할 때 주의해야 할 것은 두 가지다. 하나는 판매자가 생각하는 '고품질'이나 '편의성'이 반드시 고객의 니즈에 부합한다고는 볼 수 없다는 것이다.

예컨대 기존의 은행은 분위기면에서 일종의 '고품질'이 특징이었다. 하지만 돈의 가치는 어느 ATM(현금자동입출금기)에서 입출금해도 같다. 그래서 좀 더 편하게 입출금할 수 있도록 편의점에 ATM을 설치하기 위해 우리는 입출금 전문의 세븐은행을 설립했다. 같은 ATM이라도 가까운 거리에 24시간 사용할 수 있는 '편의성'을 부가함으로써 커다란 잠재적 니즈를 발굴한 셈이다. 세븐은행 설립에 대해 당초 금융업계에서 부정론이 들끓었던 것은, 금융에서의 '편의성'이라는 발상을 이해하지 못했기 때문일 것이다.

'고품질'과 '편의성'의 트레이드오프를 생각할 때 또 한 가지 훨씬 더 주의해야 할 것은, 고객이 추구하는 '고품질'과 '편의성'이라는 가치축은 항상 변화하기 때문에, 그에 맞게 판매자 역시 변화하지 않으면 어느 순간 뒤처지게 되고 결국 불모지대에 빠지고 만다는 사실이다.

예를 들어 식품의 경우, 한때는 같은 가격이라도 양만 늘리면 고객은 싸다고 느끼기 때문에 '편의성'을 내세울 수 있었다. 하지만 지금은 저출산 및 고령화의 시대로 1인가구나 2인가구가 증가하고 있다. 그런 만큼 고객은 양이 많다고 무조건 매력을 느끼지는 않게 되었다. 요즘 같은 시대에 양으로 저렴함을 내세우려 하면 불모지대에 빠지고 말 것이다.

지금은 같은 가격이면 질을 올리거나, 혹은 질을 올리는 만큼 양을 줄여 실질적인 가격을 내림으로써 '편의성' 안에서 '고품질'을 느끼고 선택하게 해야 한다. 세븐프리미엄의 소량패키지 반찬류가 그 전형이다.

출판업계도 좀처럼 책이 팔리지 않아 불황의 연속이다. 출판사는 이렇게 좋은 책을 왜 안 읽는지 모르겠다며 일종의 '고품질'을 이해 못 하는 독자들을 탓하기 일쑤다. 독자가 추구하는 '고품질'이 변한데다 '편의성' 또한 훨씬 더 추구하게 되어, 자신들이 불모지대에 발을 들여놓았다는 사실은 까마득히 모르고 있다.

세븐일레븐도 한때는 집 근처에 있으면서 언제나 문이 열려있다는 '편의성'에서, 공과금 등의 이체와 ATM 설치, 멀티복사기를 이용해 인감증명서 등을 인쇄 혹은 발행할 수 있는 행정서비스 등 편리성을 지속적으로 플러스알파 해왔다. 지금도 '편의성'과 '고품질' 모든 면에서 플러스알파는 빼놓을 수 없다.

과거의 연장선에 머물러 있는 한 반드시 불모지대에 빠지고 만다. 중요한 것은 끊임없이 트레이드오프의 내용을 생각하는 전략적인 사고다.

지금 요구되는 '고품질'과 '편의성'은 무엇인가? 거기에 어떤 '편의성' 또는 '고품질'을 추가할 것인가? 일단 움직임을 멈추고 변화의 대응에 소홀하면 불모지대가 성큼 당신 앞으로 다가온다는 사실을 잊지 말기 바란다.

07 :
현대의 소비자는
'소비를 정당화할 이유'를
찾는다

생산과잉의 시대, 바꿔 말해 상품의 포화상태의 시대라고 해도 자신이 좋아하는 것이나 고정관념을 깬 새로운 가치를 느끼는 상품은 사게 마련이다. 그럼 소비자는 어떨 때 그것들을 사려고 할까? 즉, 사는 목적과 동기를 살펴보자.

마케팅라이터(marketing writer)이면서 세대 및 트렌드평론가이기도 한 소비자 구매행동 전문가 우시쿠보 메구미 씨와 대담을 했을 때 물어본 적이 있다. 우시쿠보 씨는 '독신여성 시장'이니 '초식남'이니 하는 독창적인 키워드를 구사한 시장분석으로 정평이 나 있다.

우시쿠보 씨에 따르면, 일본 전 국민이 스스로를 중류층이라고 생각했던 1970년대에 비해 계층화가 더욱 세분화된 지금, 어느 계층의 사람이라도 '자신이 중요하게 여기는 것에는 돈을 아낌없이 쓰고, 그 외의 지출은 가능한 한 억제'하는 방식으로 돈을 사용하게 되었다고 말한다. 그것을 '신축적 소비'라고 불렀다. 예컨대 접시를 살 때도 라이프스타일을 고려해 100엔숍에서 사기도 하고 고급전문점에서 사기도 하는 등 구별해서 사용하는 것이 점차 일반적이 되었다는 얘기다.

무엇보다 흥미로운 것은 PB상품에 대해서도 신축적 소비가 존재한다는 이야기였다. 평일에는 세븐프리미엄의 반찬을 사고 주말에는 세븐골드 같은 보다 고품질의 상품을 사는 식으로 확연히 구별해서 소비한다. 세븐골드를 살 때도 NB상품에 비해 가격이 어떤가를 비교하기보다 '열심히 노력한 나를 위해 골드를!'이라는 심리적인 동기유발로 소비하는 경우가 두드러진다고 한다. 주말 시간을 충만한 기분으로 지내는 것을 무엇보다 중요하게 생각하고 '포상소비'로 이른바 '작은 사치'를 누린다는 말이다.

현대의 소비자는 왜
'신축적 소비'나 '포상소비'를 할까?

그렇다면 왜 현대의 소비자는 '신축적 소비'나 '포상소비'를 하게 되었을까? 그것은 자신의 선택을 납득할 수 있는 이유, 즉 '선택의 정당성'을 추구하기 때문이라고 나는 생각한다.

고객은 무엇을 사는가? 고객은 가치를 사고 싶어 한다. 세븐골드는 고품질인 만큼 가격도 높지만 '오늘은 주말이니까' '노력한 대가니까'라며, 사야 할 가치가 있다고 납득할 수 있는 이유를 찾아 자신의 선택을 정당화하려고 한다.

이에 대해 리츠메이칸대학 대학원 경영관리연구과 교수이며 행동경제학에 정통한 마케팅 컨설턴트 루디 카즈코 씨도 나와 같은 의견이었다. 행동경제학은 인간의 판단과 행동에 심리나 감정이 깊이 관여하고 있다는 점에 착안하여 이론화한 것으로, 감정경제학이라고도 부른다.

표준적인 경제학에서는 인간은 '호모이코노믹스(경제인)'라 하여 경제적이고 합리적인 손득과 확률을 계산하고, 그에 근거하여 얻을 수 있는 이득이 항상 최대가 되도록 판단하고 행동하는 존재라고 상정되어 있다. 이때 심리적인 영향에 대해 고려하는 것은 금물이다.

하지만 현실적으로 그런 인간은 존재하지 않는다. 인간은 건강에 해가 된다는 걸 알면서도 담배를 피우고, 같은 1만 엔의 지출이라도 옷을 살 때는 한없이 주저하다가도 음식을 먹을 때는 한 치의 망설임도 없는 등 경우에 따라 씀씀이가 달라지는 걸 보면, 인간이 반드시 합리적인 판단만 한다고 단정 지을 수는 없다. 덕분에 최근 몇 년 동안 주목받고 있는 것이 심리를 중시하는 행동경제학이다.

루디 씨가 '신축적 소비'나 '포상소비'의 배경으로 지적한 것은 인간이 갖는 '손실회피'의 심리이다. 인간은 손해와 이득을 같은 저울에 올리지 않고 같은 금액이면 이득보다 손실을 더 크게 느낀다. 같은 1만 엔이라도 1만 엔을 받은 기쁨이나 만족감보다, 1만 엔을 잃은 고통과 불만이 더 크게 느껴진다. 그래서 인간은 손실을 회피하려 하고 또 그렇게 행동하게 된다. 그 손실회피의 심리에 대해서는 제3장에서도 다루게 될 것이다.

루디 씨의 설명은 이렇다. 지금은 앞날이 불투명하고 불확실한 시대다. 그런 만큼 지금 가지고 있는 것을 잃고 싶지 않다, 손해 보고 싶지 않다는 손실회피의 심리가 커진다. 그렇다고 소비를 전혀 하고 싶지 않은 건 아니다. 정당한 이유가 있으면 무엇이든 사고 싶다. 즉 '소비를 정당화할 이유'를 추구하고 있다. 루디 씨는 그 예로 '1년 동안 고생했으니까 보상으로 명품을 산다', '가족의 건강을 위해 다소 비싸지만 안전하고 품질이 좋은 식품을 산다', '귀여운 반려동물을 위해 멋진 옷을 산다' 등의 경우를 들어 이야기했다.

그녀의 이야기는 소비가 단순히 물건 자체를 사는 것이 아니라 이벤트성을 갖게 되었음을 말해주고 있는지도 모른다. 소비를 정당화할 수 있는 이유가 있으면 소비에 의미가 생기게 되고 이벤트성을 갖게 된다. 다시 말해 '물건'을 사는 것이 아니라 '이벤트'를 사는 것이다. 예컨대 단순히 세븐골드라는 상품 자체를 사는 게 아니라 주말에는 자신에게 주는 보상으로 세븐골드를 사는 '이벤트'를 즐긴다. 혹은 식품이라는 물건이 아니라, 가족의 건강을 위해 다소 비싸더라도 안전한 식품을 사는 '이벤트'를 중요하게 생각한다.

우시쿠보 씨의 표현을 빌리면, 물건에 돈을 쓰는 것이 아니라 자신이 중요하게 여기는 이벤트에 돈을 쓰는 것이다. 물건을 사던 시대에서 이벤트를 사는 시대로 변화하였음을 신축적 소비와 포상소비는 상징하고 있는지도 모른다.

쇼핑은 하나의
거대한 엔터테인먼트다!

'쇼핑은 하나의 거대한 엔터테인먼트다!'라고 말한 사람도 있었다. 세븐&아이홀딩스는 2012년 4월부터 '새로운 오늘이 있다'는 그룹통일의 브랜드메시지를 내걸었는데, 이 메시지를 제작해준 카피라이터이자 크리에이티브 디렉터인 이와사키 슌이치 씨다.

이와사키 씨는 도요타 프리우스의 '21세기와 함께 태어났습니다'나 일본우편의 '연하장은 선물이다'라는 유명한 카피를 제작하는 등 시대감각의 첨단을 달리는 사람이다. 이와사키 씨는 대담에서 이렇게 말했다.

"나는 소매업계 일을 비교적 많이 했는데, 그러면서 느낀 건 '이런 게 있으면 좋겠다' 했던 것이나 예기치 않은 물건을 그 가게에서 만나면 그것처럼 큰 기쁨이 없다는 겁니다. 그런 점을 생각하면 쇼핑은 하나의 거대한 엔터테인먼트가 아닐까요?"

이와사키 씨가 말하는 '이런 게 있으면 좋겠다 하는 것이나 예기치 않은 물건'이란 의식하고 있는 니즈라기보다 가게에서 보고 '내가 이런 걸 원하고 있었구나!'라고 마음속에 있었던 잠재적 니즈를 발굴하게 하는 상품일 것이다. 그리고 고객은 그런 상품과 만났다는 기쁨에 돈을 투자한다.

물건이 넘쳐나고 사회가 유복해질수록 고객은 소비나 선택을 정당화할 수 있는 이유를 찾고, 그렇게 신축적 소비나 포상소비 혹은 이벤트소비는 증가한다. 그때 판매자가 할 일은 소비나 선택을 정당화할 수 있는 이유를 고객에게 제공하는 것이다.

고객에 대한
'마지막 다지기'

고객에게 선택의 정당성을 제공하는 것을 마케팅플래너인 타츠미 나기사 씨는 고객에 대한 '마지막 다지기'라고 표현한다. 타츠미 씨는 현대의 소비시장과 소비자상(像)에 대해 독자적인 시각을 가진 사람으로, 저서인 《버리는 기술》은 100만 부가 넘는 베스트셀러가 되었다. 타츠미 씨와 대담을 했을 때, 그녀의 말 중에 제조자나 판매자가 해야 할 '마지막 다지기'라는 표현이 인상적이었다.

타츠미 씨도 '현대의 소비자는 자신이 무엇을 원하는지 모른다. 하지만 뭔가를 사고 싶어 한다'라고 보고, '소비자는 선택하는 일에 지쳐있다'며 이렇게 말했다.

"옛날에는 가능한 한 많은 종류의 상품을 진열해놓고 고객이 맘에 드는 것을 고르게 하는 것이 바람직하다고 보았습니다. 일본에서 셀프서비스 마켓이 대성공을 거두고 성장을 이룬 것은 바로 그런 장사였다고 생각합니다. 하지만 지금의 소비자는 자기 스스로 뭔가를 선택하는 일에 지치고 말았습니다. 그러니 제조자나 판매자가 적극적으로 고객이 원하는 것을 발견하도록 도와주거나 장치를 만들어 고객에 대한 '마지막 다지기'를 하는 것이 정말 중요해졌습니다."

상품을 선택하는 것에 지쳐버린 고객에게 선택을 정당화할 수 있는 이유를 제공하여 '마지막 다지기'를 한다. 고객과 직접 만나는 판매현장에서 매장의 연출, 진열방법, 접객 등이 지금까지보다 훨씬 더 중요해졌다. 그에 대해서는 제3장에서 거론할 것이다.

이쯤에서 지금까지의 이야기를 잠시 정리해보자.

상품선택에 지쳐있는 고객에게 선택의 정당성을 느끼도록 하는 기본적인 원칙은 고정관념을 깨고 새로운 가치를 제공하는 것이다. '코코아와 버터와 책'처럼 새로운 조합방법이나 결합방법을 찾아내어 새로운 제안을 하는 것이다. 현대 소비자가 가장 관심을 갖고 있는 '편의성'과 '고품질' 두 가지 좌표축의 트레이드오프 관계에서 공백지대를 발굴해내야 한다.

PB상품의 경우에도 저가우선으로 '편의성'을 추구하는 영역에 60%의 고객이 있다 하더라도, 90%의 판매자가 그곳에 몰려있으면 고객 역시 선택에 지치고 만다.

반면 PB의 고정관념을 깨고 '편의성'과 '고품질' 쌍방을 추구하는 영역에 있는 40%의 고객은, 10%의 판매자가 제공하는 새로운 가치에 '마지막 다지기'까지 더해지면 선택하는 데 지칠 일도 없다. 그리고 단순한 물질적 소비가 아니라 다양한 이벤트적 소비를 즐길 수 있다. 판매자로서 어느 쪽 영역을 지향해야 할 것인가?

이때 10%의 판매자가 되는 데 필요한 것은 변하지 않는 '관점'이다. 내 경우 항상 '고객의 입장에서' 생각하고 고객도 의식하지 못하고 있는 잠재적인 니즈에 대응하는 것, 그리고 질적인 가치를 향상시키는 것을 변하지 않는 '관점'으로 놓고, 새로운 '재료'를 끊임없이 발굴하려고 했다. 덕분에 90%의 판매자가 경쟁하는 영역에서 항상 벗어나 있을 수 있었다.

물론 고객이 추구하는 '편의성'과 '고품질'의 가치관은 항상 변한다. 또 그만큼 두 좌표축은 움직이기 때문에 한곳에 머물렀다가는 불모지대에 빠지고 만다. 그럴 때는 새로운 공백지대를 찾아 옮겨가야 한다. 이러한 반복이 가능하다면 당신은 10%의 판매자가 될 수 있다.

08 :
새로운 일에 도전하려고 하면
왜 주변의 반대에 부딪히는가?

제1장의 마지막으로, 새로운 것을 창조해내려 할 때의 발상법에 대해 논하고자 한다.

식품제조업자와 함께 일할 기회가 많은 우시쿠보 메구미 씨는, 유통업이 제조업자와 연계하여 PB상품을 개발하는 것에 대해 어떻게 생각하느냐는 질문에 다음과 같은 아주 흥미로운 대답을 들려주었다.

"NB상품의 개발현장에서는 비용삭감 때문에 새로운 것을 시도할 수 없다는 불만이나 답답함을 호소하는 목소리가 높습니다. 그런 환경 속에서 세븐프리미엄이나 세븐골드와 같은 참신성과 품질을 고집하는 상품을 만든다는 것은 제조업자에게도 얻기 힘든 기회가 되지 않을까요?"

실제로 나는 산토리의 경영자인 사지 노부타다 씨(산토리홀딩스 사장)를 만났을 때, "귀사에서 만들 수 있는 최고품질의 맥주를 만들어주세요. 우리가 모조리 사서 판매하겠습니다"라고 부탁한 적이 있다. 사지 씨는 "그런 부탁은 처음 들어봅니다!"라며 당시에는 많이 당황스러워했지만, 그로부터 고품질 맥주의 공동개발이 시작되었다. 맥아 100%로 재료를 엄선한 세븐일레븐 한정의 〈갓 수확한 맥아로 만든 생맥주〉는 한 캔에 238엔(350ml)으로 캔맥주치고는 비싼 가격으로 발매되었는데, 3개월로 보았던 애초 예상과는 달리 한 달 만에 품절되고 말았다.

닛신식품홀딩스의 사장 안도 코우키 씨를 만났을 때도 "우리 그룹을 위해 최고의 상품을 만들어주십시오. 가격은 상관 않겠습니다"라고 부탁했다. 닛신식품 사내에서는 이 제안을 수락해야 할지 어떨지 논의가 벌어졌다고 하는데, 마침내 나의 제안은 세븐 골드 시리즈 중 개별 브랜드로는 처음 출시한 컵라면으로 탄생하였다. 이 컵라면은 하나에 268엔으로 NB의 컵라면보다 가격이 비쌈에도 불구하고 막대한 지지를 얻고 있다.

모두 세븐&아이홀딩스 한정상품이고 전품을 우리가 매입하기 때문에 가능했던 일이다. 우시쿠보 씨의 지적처럼, 일반적인 회사에서는 '당사에서 만들 수 있는 최고품질의 상품을 가격불문하고 만들어 달라'는 기획이 발안되더라도 결코 쉽게 받아들여지진 않을 것이다.

지금까지는 없었던 새로운 것을 창조하고 새로운 일에 도전하고자 하면, 대부분의 경우 조직 내외에서 반대와 이견의 목소리가 들끓게 된다. 나 역시 새로운 것을 제안했다가 반대에 부딪힌 적이 부지기수였다. 그 주된 몇몇 예를 들어보자.

- 토한의 홍보과 시절, PR지 《신간뉴스》의 대대적인 리뉴얼을 제안했다가 상사와 임원들의 반대에 부딪혔다.
- 서른 살 때 전직한 이토요카도에서는 관리부문을 담당했는데, 자금조달을 위해 주식상장을 제안했다가 사내외의 고문변호사와 주거래은행의 반대에 부딪혔다.
- 슈퍼마켓 같은 대형가게와 소형가게의 공존공영이 가능함을 보여주기 위해, 일본 최초로 본격적인 편의점 체인인 세븐일레븐의 창업을 제안했다가 회사간부와 업계관계자 및 학자 등 다방면에서의 반대에 부딪혔다.
- 다양한 품목을 취급하는 편의점 경영의 특성상, 대량배송이 업계의 상식이었던 시절 소량배송을 요구했다가 도매상으로부터 맹공격을 받았다.
- 편의점은 설 연휴에도 영업을 하기 때문에 신선한 빵을 제공할

수 있도록 제빵제조업자에게 연휴기간에도 제조해줄 것을 요구했다가 맹공격을 받았다.

- 세븐일레븐 점포 납품차량 대수는 창업 초에는 하루 70대나 되었기 때문에(현재는 하루 9대), 이것을 줄이기 위해 각 우유제조사에 타사제품도 함께 배송하는 일본최초의 공동배송을 제안했다가 이 역시 맹공격을 받았다.

- 편의점에서 판매하는 일본형 패스트푸드가 필요하다고 보고 도시락이나 삼각김밥의 판매를 제안했다가 '그런 것은 집에서 만드는데 팔릴 리가 없다'라며 반대에 부딪혔다.

- 판매자시장에서 소비자시장으로의 전환에 대응하기 위해 '풍부한 상품구비'에서 '인기상품에 집중하고 사양상품은 과감히 제외'하는 방식의 재고삭감 정책을 제창했지만, '재고를 줄이면 매출이 떨어진다'는 이유로 반대에 부딪혔다.

- 소비세가 3%에서 5%로 인상되었던 1997년 이듬해, 불황돌파 기획으로 '소비세분 환원세일'을 발안했을 때, '일반판매에서 10~20% 할인해도 반드시 잘 팔리는 것도 아닌 판국에, 5% 할인에 고객들이 매력을 느낄 리 없다'라며 대부분의 영업간부들이 반대했다.

- 세븐일레븐 점포에서 고객에게 언제든 갓 구운 빵을 제공할 수 있도록 제조공장을 가능한 한 점포 근처로 재배치하고, 제조에

서 배송까지의 모든 공정을 재조정하자는 제안에 제빵제조업자
는 거부의 뜻을 밝혔다.

- 세븐일레븐 점포에 ATM을 설치하기 위해 자사투자의 은행(현
세븐은행)을 설립하자는 제안에 대해, '비전문기업이 은행을 설립
하면 반드시 실패할 것이다'라며 금융업계를 중심으로 부정론
의 회오리가 몰아쳤다.

- 저가우선이 아닌 질을 우선시하는 PB상품을 개발하고, 이것을
그룹의 모든 업종(편의점, 슈퍼마켓, 백화점)에서 같은 가격으로 판
매하자는 제안에 대해 사내에서 반대의 목소리가 높았다.

- 한 단계 업그레이드된 PB상품인 세븐골드의 개발을 제안하자
'가격을 높이면 안 팔리지 않겠는가?'라는 소극적인 의견들이
많았다. 등등.

이렇게 돌이켜보니 새로운 것을 창조하고 새로운 일에 도전했
을 때는 늘 사내외의 맹렬한 반대가 기다리고 있었다. 그래도 반
대자가 찬성해줄 때까지 설득하고 또 설득하거나, 혹은 '일단 해
보자'라며 반대를 무릅쓰고 도전한 것 대부분이 결과적으로 성공
했던 것도 사실이다.

반대로 주변의 모두가 '좋다'고 찬성하는 일에 대해서는 오히려
손을 대지 않았던 경우가 제법 있었다. 예컨대 고도성장기의 볼링

사업이나 버블기의 부동산투자가 그 대표적인 예다. 옛날 1960년 대에서 70년대에 걸쳐 일본에 볼링 붐이 일었을 때, 슈퍼마켓업계 들도 너나없이 진출하자 우리 사내에서도 볼링사업에 참여하자 는 목소리가 높았다. 그런데 나 혼자 단호하게 반대를 고집했다.

볼링사업은 일단 시설을 만들고 설비를 들여놓으면 나머지는 매뉴얼대로 운영만 하면 그만이다. 누구라도 간단히 진출할 수 있고 자기차별화가 어렵기 때문에 이내 포화상태가 되리라는 것 은 불을 보듯 뻔한 일이었다. 결과는 예상대로였고 붐은 머지않 아 사그라졌다. 그런가 하면 1980년대 말의 버블기에는 대부분의 기업이 부동산투자로 내달렸는데, 우리 그룹은 일절 관여하지 않 고 본업에만 전념했다.

새로운 일에 도전하려고 하면 왜 주변의 반대에 부딪히는가? 《이야기로서의 경쟁전략》이라는 베스트셀러의 작가이기도 한 히 토츠바시대학원 국제기업전략연구과 교수인 쿠스노키 켄 씨와 대담했을 때, 그 이유를 다음과 같이 정확히 설명해주었다.

"교과서에는 '전략이란 타인과 다른 일을 하는 것'이라고 나와 있지만, 다른 사람과 달라도 돈을 벌지 못하면 의미가 없습니다. 그러니 정확히 말하면 다른 사람과 다른 돈 되는 일을 하라는 말 이 되겠는데, '돈 버는 좋은 일'인지 금방 알 수 있는 일이라면 다 른 누군가가 진작 시작했을 게 분명합니다. 혹은 아직 아무도 생각해내지 못했다 하더라도, '좋다'는 걸 금방 알 수 있는 일이라면 너나 할 것 없이 그 사업으로 몰려들어 이내 시장을 빼앗기고 말겠지요. 그렇게 생각하면 정말 새로운 산업을 창조해내는 개혁자가 등장했을 때, 그 사람이 시작하려는 일은 대부분의 사람들에게는 '돈 버는 좋은 일'로 금방 받아들여지지 않았을 거라고 생각합니다. 스즈키 씨가 세븐일레븐을 시작했을 때가 바로 그 전형이었죠."

경험적으로 '좋다'고 생각되는 일은 앞다퉈 하려고 하기 때문에 결국 경합이 되고, 상황은 갈수록 어려워진다. 다들 '좋다'고 느끼는 일은 할 필요가 없다. 오히려 '그런 게 되겠어?'라고 외면하는 일에 의미가 있다. 모두가 찬성하는 일은 대개 실패하고, 반대하는 일은 아이러니컬하게도 성공한다. 그러한 예는 나뿐만 아니라 지금까지 만나본 분들 역시 비슷한 경험들이 있었던 모양이다.

실현방법이 없으면
스스로 생각하면 된다

〈에큐트(ecute)〉는 역(驛) 공간을 극적으로 변화시켜 대히트를 한 JR동일본의 역 구내 상업공간이다. 이 프로젝트를 무(無)에서 창조해낸 카마다 유미코 씨(전 JR동일본 스테이션리테일링 사장, 현 JR동일본 프론티어서비스 연구소 부소장)와 대담했을 때, '기성개념의 타파' '불가능에 대한 도전'을 테마로 뜻깊은 이야기들을 들을 수 있었다. 카마다 씨 역시 반대를 무릅쓰고 도전해서 성공한 사람이다.

에큐트는 많은 사람들이 지나쳐 '통과하는 역'을 다양한 사람들이 즐기는 '모이는 역'으로 변화시키자는 사고방식에서 출발하였다고 한다. '모이는 역'이라는 새로운 가치를 만들어내기 위해서는 시설 전체를 제로에서 다시 시작해 종합적으로 재배치시켜야 할 필요가 있다고 생각한 카마다 씨는, 역의 중앙홀과 상업공간을 하나의 공간으로 디자인하는 방안을 생각해냈다.

그런데 JR에서는 철도사업의 각 부문이 역의 시설을 수직적으로 관리하고 있어, 부분마다 담당이 분리되어 있었다. 화장실 하나만 보더라도 바닥재나 조명 등 제각각의 규칙이 있고, 'JR에서는 과거경험에서 도입되는 것들이 많았기' 때문에 카마다 씨 팀의 새로운 제안은 강한 반대에 부딪힐 수밖에 없었다. 반찬 코너를 만들자고 해도 '역에서 반찬 같은 게 팔릴 리 없다'느니 '냄새 때문에 역 이미지가 나빠진다'느니 하는 이유들로 사내외의 반대가 심했다고 한다.

그룹 내의 사내공모를 통해 선발된 20~30대 전반의 스태프는 유통에 대해서는 대부분이 초보자들이었다. 카마다 씨는 그런 젊은 스태프들에게 '업계의 상식이나 반대가 있더라도 고객의 니즈에 대응하기 위해 반드시 필요하다고 판단했다면 적극적으로 추진하고, 주인의식과 신념을 가지고 일에 전념하라'고 항상 강조했다고 한다. 주인의식과 신념을 가짐으로써 일의 묘미를 맛볼 수 있고, 조직으로서도 강해질 수 있다고 믿었기 때문이다.

실제로 에큐트 프로젝트에서는 출점 점포를 찾는 데 난항을 겪었고, 출점 후보와의 거래교섭이 시작된 후에도 당시는 지금과 달리 역 구내에 대해 부정적인 이미지를 가지고 있는 곳도 많아 교섭이 여간 힘든 게 아니었다고 한다. 온갖 고난과 역경에도 결코 타협하지 않는 리더의 지휘 아래 젊은 스태프들이 고군분투한 끝에 오픈에 성공했다. 에큐트는 JR오미야역을 시작으로 시나가와, 타치카와, 닛포리, 도쿄, 우에노, 아카바네 등에서 차례차례 오픈했고, 지금은 JR동일본의 역 구내 상업공간의 대표적 브랜드로 인기를 누리고 있다.

나는 카마다 씨의 이야기에 공감하지 않을 수 없었다. 세븐일레븐을 창업했을 때도 신문광고를 통해 모집한 사원은 대부분이 소매업 경험이 없는 초보자들뿐이었다. 세븐은행을 설립했을 때도 그룹 내에서 프로젝트팀에 참가한 멤버는 금융의 '금'자도 모르는 초보자들뿐이었다. 초보자이기에 기존의 상식과 과거경험에 얽매이지 않고 도전할 수 있는 것이다.

앞에 소개한 바 있는 겐토샤의 켄죠 토오루 씨도 대기업출판사를 그만두고 1993년 겐토샤를 설립했을 때, 편집에 대해서는 알아도 서적의 유통이나 영업에 대해서는 '무지' 그 자체였기 때문에 100명이면 100명이 다 실패할 거라고 입을 모았다. 그러나 창립 직후 처음 출판한 6권의 책을 신문에 전면광고를 내는가 하면 '고작 3년 만에 문고를 62권이나 출간'하는 등 누가 보더라도 무모하다 할 만한 도전을 계속함으로써, 업계의 '기존 룰'을 깨고 겐토샤의 브랜드를 각인시키고자 했다고 한다.

새로운 것을 창조하고 새로운 일에 도전할 때, 목표한 것을 실현시킬 방법이 없으면 스스로 방법을 생각하고 길을 개척해 나가면 된다. 필요한 조건이 갖춰져 있지 않으면 그 조건 자체를 바꾸면 된다. 모두의 반대를 무릅쓰고 하는 일이 대개 성공하는 것은, 반대를 당한 만큼 어떻게든 실현시키겠다는 주인의식과 신념이 고양되고, 실현시켰을 때는 둘도 없는 새로운 가치를 창조해낼수 있기 때문에 그만큼 성공도 커진다.

물론 승산이 거의 없는데도 하려고 한다면 그것은 정말 무모한 일이다. 도전과 무모는 다르다. 나는 내 안에서 시뮬레이션을 해보고 70%의 가능성이 보였을 때 비로소 도전해야 한다고 믿는다.

새로운 것을 창조해내지 못하면 고객은 반드시 발길을 돌리고 말 것이다. 모두가 '좋다'고 하는 것을 하면 60%의 고객을 상대로

90%의 판매자와 경쟁하지 않으면 안 된다. 반면 반대에 부딪히더라도 도전하면 40%의 고객을 대상으로 10%의 판매자와 함께 상생하는 비즈니스를 할 수 있다.

과거의 연장선에서 생각하고 누구나가 찬성하는 그런 일에는 대개가 미래에 대한 전망이 빈약하다. 반면 반대에 부딪힌 일은 미래에 대한 가능성이 다분히 숨겨져 있다. 과거와 미래, 어느 쪽으로 눈을 돌릴 것인가? 만일 자신의 업무방식을 바꿔나가려면 항상 미래를 바라보고 가능성을 찾아야 할 것이다.

제2장
정답은 '고객'과 '내 안'에 있다

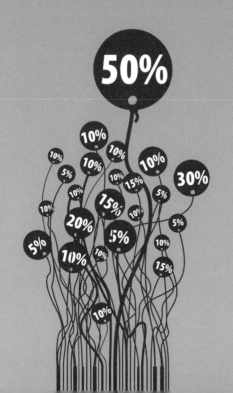

09 :
'고객을 위해서'는 거짓말!
'고객의 입장에서'가 진짜다

기타노 타케시의 웃음은 변하지 않는 '관점'을 통해 항상 새로운 '재료'를 제공한다. 그 웃음의 '관점'이 재미있기 때문에 사람들에게 '보편적인 웃음'으로 인식되고 질리지 않는다. 비즈니스에서도 그와 마찬가지라는 이야기를 앞 장에서 했다.

내 경우 변하지 않는 '관점'의 기본은 항상 '고객의 입장에서' 생각하는 것이다. 고객이 다음에는 어떤 새로운 것을 필요로 할까? 정답은 항상 고객 안에 있고, 고객의 심리 깊이에 숨겨져 있기 때문이다. 그럼 어떻게 하면 그 대답을 찾을 수 있을까? 이 장에서는 고객의 심리 안에 있는 '잠재적 니즈'를 찾아내는 방법에 관해 이야기하고자 한다.

나는 어떤 경우라도 판매자는 '고객을 위해서'가 아니라 '고객의 입장에서' 생각해야 한다고 말한다. '고객을 위해서' 생각하는 것과 '고객의 입장에서' 생각하는 것은 언뜻 보면 비슷해 보이지만 전혀 다른 대답이 나올 수 있기 때문이다. 어디가 어떻게 다른가? 앞에서 소개한 토한 시절의 《신간뉴스》의 리뉴얼을 예로 이야기해보자.

　리뉴얼 전의 《신간뉴스》는 '책을 많이 사는 사람이 읽는 것이므로 신간목록이 가능한 한 많이 실리는 것이 좋다'는 편집방침 하에 만들어져 왔다. 그런데 나는 '책을 자주 사는 사람은 결코 책만 읽는 것은 아니다. 책을 읽는 사람일수록 잠시 숨 돌릴 여유를 필요로 하지 않을까?'라고 생각했다. 그래서 신간목록의 수를 줄이고 가벼운 읽을거리를 도입하고, 사이즈도 기존 판형의 반쯤 되는 판형으로 콤팩트하게 만들어 유료로 판매하자는 안건을 냈다. 그러자 출판의 프로를 자부하는 상사들이 일제히 '우리 프로들의 오랜 경험에 비춰볼 때 팔릴 리가 없다'라며 반대하고 나섰다.

　이것은 '고객을 위해서'와 '고객의 입장에서'의 차이점을 잘 표현해주고 있다. 상사들은 신간목록을 많이 게재하는 편이 '고객을 위해서'라고 생각했다. 하지만 그것은 책을 가능한 한 많이 팔아야 하는 자신의 입장이 우선적으로 반영되었고, 고객은 그다음이다. 결국은 판매자의 입장에서 생각했던 것이다. 그 근저에는 과거경험에 기초한 '독서가란 책을 많이 사는 사람' '그러므로 독서가는 신간목록을 원한다'라는 잘못된 인식과 단정도 있었다.

즉 '고객을 위해서'라고 말은 하지만 '판매자 입장에서' 생각한 연후의 일이고, 거기에는 과거경험을 기초로 한 고객에 대한 잘못된 인식과 단정이 있다. 이에 반해 '고객의 입장에서' 생각해 보면 때로는 판매자로서의 입장과 과거경험을 부정해야 한다.

물론 '고객의 입장에서' 생각하고 '고객을 위해서' 일하는 사람들도 있을 것이다. 하지만 '고객을 위해서'라고 말은 하면서 무의식중에 '판매자 입장에서' 생각하는 경우가 많다. 그러한 예는 나와 대담을 나눈 분들 중에도 있었다. 기적의 변혁을 실현시킨 아사히야마동물원의 전 원장인 코스게 마사오 씨의 경우, '고객을 위해서'에서 '고객의 입장에서'로 시점을 전환한 것에서부터 변혁은 시작되었다.

'고객의 입장에서' 재검토하며 알게 된 충격적인 사실

아사히야마동물원은 1980년대 내원객 수가 감소일로를 달리고 있었다. 어느 날, 사육계장이었던 코스게 씨는 시의 담당자로부터 '이대로 가면 동물원은 폐쇄되고 만다'는 통보를 받게 된다. 코스게 씨는 고객들이 왜 '동물원은 필요 없다'고 생각하게 되었는지, 그 이유를 알기 위해 동물원을 '고객의 입장에서' 재검토하기 시작했다. 그리고 한 가지 사실을 깨달았다. 다음은 코스게 씨 본인의 이야기다.

"우리는 평소에 동물원 뒤쪽에서 일을 하고 있기 때문에 고객 입장에서 동물원을 볼 기회가 없습니다. 그래서 새삼 고객의 입장에서 동물들을 보고 놀랐습니다. 동물들이 모두 고객에게 등을 돌리고 있더군요. 그런데 생각해보면 그건 당연한 일이었습니다. 동물들에게 평소 먹이를 가져다주고 씻겨주고 돌봐주는 사육사도, 저처럼 아픈 주사를 놓아주러 오는 수의사도 모두 뒤쪽에서 나오거든요. 동물들 입장에서 보면 고객들이 오는 쪽에는 딱히 볼일이 없으니까 항상 뒤쪽에 신경을 집중하고 있었던 겁니다. 고객들로서는 당연히 즐거울 리가 없죠."

그때까지 코스게 씨와 동물원 관계자들은 고객들이 '동물들이 잠만 자고 있어 재미가 없다'고 불평해도 그 이유를 짐작도 하지 못했다고 한다. 그도 그럴 것이 자기들 앞에서는 맛있는 걸 먹을 수 있다거나 아픈 주사를 맞아야 한다는 긴장감에 동물들이 항상 활기를 띠고 있었기 때문이다. 이를테면 자신들만이 특등석에서 동물을 바라보고 있었다는 사실을 깨닫게 된다. 그 이후로 고객 쪽에서 동물에게 다가가 먹이를 주거나 주사를 놓는 식으로 바꾸어나갔다. 그러자 동물들은 금방 이 변화를 감지하고, 이번에는 고객 쪽을 바라보며 언제 사육사가 오고 언제 수의사가 오는지 긴장감을 가지고 주의를 기울이게 되었다고 한다.

수의학부를 졸업한 코스게 씨는 좋아하는 동물을 키우고 번식시키고 연구할 수 있는 동물원 일에 만족감과 자부심을 가지고 있었다. 동물원의 존재는 '고객을 위한' 것이라고 생각했다. 그런데 그것은 자신들이 바라본 광경에 지나지 않았다. 이 깨달음을 계기로 어떻게 하면 동물들의 활기 넘치는 모습을 내원객에게 보여줄 수 있을까, 동료들과 심사숙고한 끝에 '행동전시'를 탄생시키게 된다.

이 행동전시가 탄생하게 된 배경에는 또 한 가지 근본적인 발상의 전환이 있었다. 언제부터인지 코스게 씨 귀에 '이 동물들은 자유가 없어 가엾다'라는 동정의 목소리가 들려오기 시작한 것이다. 무엇이 불행하다는 거지? 굶는 것도 아니고 아프면 치료도 해주고 오래 살 수 있는데 오히려 행복한 거 아닌가? 코스게 씨는 사육자 입장에서 반발했다. 그런데 어느 순간 문득 의문이 생겼다. 동물들에게는 과연 살아가는 기쁨이 있을까?

동물이 사는 목적은 궁극적으로는 번식이고, 목적을 달성하기 위해 목숨을 유지하려고 먹는다. 자연계에서는 하루 종일을 이 목적을 위해 투자하고, 목적이 달성되면 기쁨을 느낀다. 그런데 동물원에서는 주는 것을 받아먹기만 하면 된다. 24시간 중 식사시간은 30분이고 나머지 23시간 30분 동안에는 할 일이 아무것도 없다. '이것이 고문이 아니고 무엇일까?'란 생각이 문득 들었다. '동물을 위해서' 하는 일이라고 생각했던 것들이 '동물의 입장에서' 생각해보면 전혀 다른 의미를 갖는다는 사실을 깨닫게 되었다.

그것을 계기로 행동전시가 탄생하게 된다. 북극곰이 고객을 먹잇감으로 보고 덥석 기세 좋게 덤벼드는 북극곰관. 십여 미터 떨어진 두 개의 기둥 사이에 다리를 놓고 한쪽 기둥 밑에 먹이를 놔두면, 다른 한쪽 기둥에서 오랑우탄이 먹이를 향해 다리를 건너오는 공중산책. 마린웨이라고 불리는 원형수조 너머로 인간의 모습을 보여줌으로써 바다표범이 물고기를 쫓아 물속을 빙빙 도는 습성을 유도해내는 바다표범관 등. 동물 본연의 움직임을 유도해 보여주는 방법이 탄생한 것이다.

'고객을 위해' '동물을 위해' 좋은 일을 하고 있다는 인식에서, '고객의 입장에서' '동물의 입장에서' 생각해 좋은 일을 하고자 하는 발상으로 전환함으로써 행동전시가 시작되었고, 내원객 수가 점차 증가한 아사히야마동물원의 기적의 부활은 시사하는 바가 매우 크다.

꽃 판매자가 꽃을 받아보고
비로소 깨달은 문제점

'고객을 위해서'라는 발상과 '고객의 입장에서'라는 발상은 경우에 따라서는 전혀 다른 대답이 나온다. 이런 사실을 자각한 사람들은 많다. 아오야마플라워마켓을 운영하는 파크코퍼레이션 사장인 이노우에 히데아키 씨도 그중 한 사람이다. 이노우에 씨도 '고객의 입장에서' 생각하는 것을 중요시하여 매장의 레이아웃, 사람의 동선, 가격표, 포장방법 등등 모든 것을 고객의 시점에서 생각하라고 직원들에게 지시한다. 그 역시 한 가지 경험이 계기가 되었다면서 이런 이야기를 들려주었다.

"전에 개인적인 일로 여러 곳에서 꽃을 선물 받은 적이 있는데, 그때 상자에 든 꽃을 꺼내느라 얼마나 고생했는지 모릅니다. 꽃을 안전하게 보호하는 건 좋지만 너무 빼곡하게 들어있어 꺼내기 어렵거나, 발송할 때는 꽃봉오리였는데 하루가 지나 배달됐을 때는 꽃이 약간 피어있을 때도 있어 포장에 따라서는 꽃과 잎이 상해있기도 했습니다. 저희도 전부터 꽃을 안전하게 고객님께 배달할 수 있는 여러 가지 방법을 연구해왔습니다. 그런데 실제로 제가 직접 받아보고 비로소 깨달은 것은, 저희는 고객의 입장에서 생각한다고 하는데 그것은 어디까지나 꽃을 상자에 포장해서 발송할 때까지일 뿐, 꺼낼 때의 사정까지는 생각하지 못했던 겁니다. 그것은 결코 고객의 입장에서 생각했다고 할 수 없다는 사실을 통감했습니다. 그 경험이 계기가 되어 꽃을 꺼내기 쉬운 상자를 개발했습니다."

이것은 참으로 중요한 포인트다. 꽃을 포장해서 발송할 때까지밖에 생각하지 못했다는 것은, 어디까지나 '발송'이라는 자신들의 일을 기점으로 생각하면서 가능한 한 '고객을 위해서'가 되도록 꾀했다는 말이다. '고객의 입장'에서 생각한다고 했지만 결국 '판매자 입장에서' 생각한 발상의 영역을 벗어나지 못했다.

하지만 정말 '고객의 입장에서' 생각한다면 고객이 꽃을 꺼낼 때의 사정까지 배려해야 한다. 그러기 위해서는 과거 자신들의 업무방식을 변화시키는 문제까지 파고들 필요가 있다.

'패키지판매'를 구매자는 '필요이상의 강매'라고 느낀다

가장 큰 문제는 '고객을 위해서'라는 발상으로 한 행동과 고객의 진짜 니즈 사이에 불일치가 생겼을 때다.

한때 이토요카도에서 이런 일이 있었다. 어느 해 연말에 명절음

식용으로 검은콩을 팔았다. 얼마 전까지는 한 팩에 양을 많이 넣어 저렴한 가격에 팔고 있었는데, 판매실적이 그다지 좋지 않았다. 그래서 고객이 원하는 만큼의 분량을 팔기로 결정했고, 그 결과 매출이 몇 배나 증가했다. 일정량의 팩으로 팔 때는 '일정량을 싸게 팔면 고객이 이익을 봤다고 느낄 것이다'는 발상이 작용하고 있다. 소비과잉의 판매자시장 시대에는 이것이 고객의 니즈와 일치했었다.

하지만 지금은 저출산 및 고령화가 진행되어 1가구당 가족 수가 점점 줄어들고 있다. 패키지판매는 구매자 측에서 보면 '필요 이상으로 사게 된다'는 서비스의 강매에 지나지 않을 뿐 진짜 니즈와는 동떨어져 있었던 것이다.

고객의 니즈에 대응해야 한다고 누구나 말과 머리로는 이해하고 있다. 하지만 판매자는 생산과잉의 소비자시장 시대가 된 후에도 과거경험에 얽매인 채, '일정량을 싸게 파는 것이 고객을 위해 좋다'고 착각하고 지금까지의 발상과 행동을 바꾸지 못했다. 하지만 '고객의 입장에서' 생각하기 위해서는 자신의 과거경험을 일단 부정하지 않으면 안 된다. 이것을 철저히 실천하기 위해 나는 회사 안에서 '고객을 위해서'라는 표현의 사용을 금지한 적이 있을 정도다. '고객을 위해서'와 '고객의 입장에서' 중 당신은 어느 쪽 발상으로 기울기 쉬운지 자신을 돌이켜보면 어떨까.

10 :
찰밥은 '짓는 것'이 아니라 '찌는 것'이다

'고객을 위해서'라는 발상이 갖는 또 하나의 문제점은 '고객을 위해서'라고 말은 하면서 자신들이 할 수 있는 범위 안이나 현 구조의 범위 안에서만 생각하고 행동하는 것에 지나지 않는 경우가 많다는 것이다. 즉 어딘지 모르게 판매자의 입장이 우선시되고 있는 경우가 많다는 얘기다. 하지만 진정으로 '고객의 입장에서' 생각한다면 판매자는 자신들에게 불리한 경우라도 실행하지 않으면 안 된다.

1993년부터 세븐일레븐에서 판매를 개시한 〈갓 구운 빵〉도 '고객을 위해서'라는 발상으로 시작했다면 결코 태어나지 못했을 상품이었다.

당시 대규모 제빵제조업자의 NB상품은 전국의 한정된 거점공장에서 대량생산된 후 전국 방방곡곡의 판매점으로 배송되고 있었다. 제조업자로서는 도심부나 지방 혹은 근거리나 원거리 등 환경에 상관없이, 어느 가게에서나 고객이 균질의 상품을 살 수 있게 하는 것이 '고객을 위해서'라고 생각한다. 그 때문에 맛과 신선도보다는 안전성을 우선시하고, 유통기한 연장에 주력한 상품 설계를 중요시한다.

하지만 이것은 기존의 생산과 물류 및 판매의 구조 속에서 품질보존을 위해 최대한의 노력을 기울이겠다는 발상이다. 즉 '고객을 위해서'라고 말은 하면서도 결국은 한정된 거점공장에서 대량생산한다는 판매자 중심의 생각일 뿐이다.

우리의 생각은 전혀 반대였다. 기존의 구조를 전제로 하지 않고 고객의 니즈를 모든 것의 출발점으로 삼고, 그 이후에야 비로소 구조를 고려한다. 판매자 입장을 전제로 '상대적으로 보다 좋은 것'을 하는 것이 아니라, 고객의 입장에 맞춰 '절대적으로 좋은 것'을 추구한다. 이것이 '고객의 입장'에 선 업무방식이다.

빵의 경우에도 '고객의 입장에서' 생각하면, 식품의 안전 확보뿐만 아니라 맛과 신선도 면에서도 우수한 갓 구운 빵을 언제든 살 수 있기를 바랄 것이다. 여기서 고객의 잠재적 니즈가 부상한다. 이 니즈에 대응하기 위해서는 전국의 세븐일레븐 점포와 가급적 가까운 곳에 전용 제조공장을 설치하고, 판매가 가장 활발한 시간에 맞춰 납품할 수 있도록 제조에서 배송까지의 전 공정을 완전히 새롭게 재조직하지 않으면 안 된다.

하지만 우리의 요구는 '세븐일레븐만을 위한 특별한 대응은 할 수 없다'는 이유로 제빵제조업자에게 받아들여지지 않았다. 기존의 상식으로 불가능하다면 가능하게 할 방법을 스스로 찾아내야 한다. 그것이 창업 이래 관철해온 우리의 방식이다. "그렇다면 우리가 직접 하겠습니다!" 나는 교섭현장에서 바로 결단을 내렸다.

독자적 기술을 가진 제빵제조업자를 찾아 각지에 전용공장을 만들고, 〈갓 구운 빵〉의 판매개시를 차츰 전국으로 확대해나갔다. 그것이 지금은 세븐일레븐의 수익을 지탱하는 주력상품이 되었다.

이런 에피소드도 있었다. 예전에 세븐일레븐에서 '찹쌀주먹밥'을 개발했을 때의 일이다. 매일 실시하는 임원 시식에 나온 찰밥을 한 입 먹어본 나는, 찰밥 본연의 맛이 아니라는 걸 알고 개발 담당자에게 어떻게 만들었는가를 물었다.

대답은 밥과 동일한 생산과정을 거쳐 '짓고 있다'는 것이었다. 찰밥은 원래 찜통에 쪄내야 하는데 개발팀은 세븐일레븐 전용 도시락공장의 취사용 밥솥을 이용해 짓고 있었다. 그 때문에 물 높이와 불의 세기, 뜸 들이는 방법 등 여러 가지로 연구를 해봤지만,

전문점처럼 '찰기가 있고 입에 착 달라붙으면서 몽실몽실한 찰밥' 이 되지 않았던 것이다.

'왜 찌지 않느냐'고 묻자 '세븐일레븐 전용 도시락공장에는 찜 통으로 찌는 설비가 없기 때문에 할 수 없다'는 대답이 돌아왔다. 팀은 수십 점에 달하는 전문점의 찰밥과 지방의 소문난 가게의 찰밥을 모아 연구를 거듭해왔기 때문에, 찰밥은 짓는 것이 아니 라 쪄낸다는 사실을 충분히 알고 있었을 것이다. 그럼에도 공장 에 찌는 설비가 없다는 이유로 당장 갖춰져 있는 취사설비를 이 용했다. 그것은 기존의 구조범위 내, 즉 판매자 입장에서의 발상 이다.

고객은 편의점에서 사 먹는 찰밥이라도 찰밥 본연의 맛을 기대 할 것이 분명하다. 고객의 니즈에 진정으로 대응하고 만족시킬 수 있는 찰밥을 만들고자 했다면, 흰밥과 같은 밥솥에 찰밥을 짓겠 다는 발상은 애당초 하지 않았을 것이다.

'찰밥은 찜통에 쪄야 한다.' 나는 당장 제조방법의 변경을 지시 했다. 찹쌀을 찌기 위해서는 전국 각지에 흩어져있는 세븐일레븐 전용공장에 찰밥만을 위한 새로운 설비투자를 해야 한다. 그런 만큼 상당한 투자가 되겠지만 한순간의 주저함도 없이 실행에 옮 겼다.

찹쌀의 품종에서 씻는 법, 물에 담가두는 시간, 부속재료 선정

등등 모든 요소에 대해 다시 한 번 원점에서부터 재검토한 결과 새롭게 탄생한 찹쌀주먹밥은 발매와 동시에 대히트 상품이 되었고, 지금도 여전히 인기상품의 자리를 확보하고 있다.

판매자에게 불리한 일이라도 고객의 입장을 고려해 실행한다. 그것이 '고객의 입장에서' 생각하는 업무방식이다. 비용이 들고 효율이 떨어지더라도 고객이 공감공명할 수 있는 상품을 만들다 보면 반드시 결실을 맺고 이익을 확보할 수 있게 된다. 판매자 입장의 범위 안에서 '열심히 하는 것'과 고객의 입장에 맞춰 '올바른 일을 하는 것'은 의미가 전혀 다르다.

만일 최선을 다한다고 하는데 결과가 안 나온다면, 그럴 때는 자기도 모르게 판매자 입장에서 생각하고 있지는 않은지, 자신을 돌아볼 필요가 있다.

11 :
진정한 경쟁상대는
끊임없이 변하는
'고객의 니즈'

"진정한 경쟁상대는 타 경쟁사가 아니라 끊임없이 변하는 고객의 니즈다." 이 역시 내가 버릇처럼 하는 말로 '스즈키 어록' 중에서도 대표적인 것이다.

경쟁사회에 있다 보면 우리는 어쨌든 타사와의 비교에서 자유로울 수 없다. 자사와 타사를 비교해 우리 상품은 90점이고 타사의 상품은 70점 정도니까 우리가 이겼다고 생각했다고 하자. 하지만 그것은 판매자 측의 착각일 뿐 고객의 눈으로 보았을 때의 평가는 크게 다르다. 예를 들면 양쪽 모두 60점에 그칠 수도 있는 일이다.

자사가 타사를 웃돌고 있다고 자신하더라도 고객의 만족을 얼지 못하면 그것은 단순한 자기만족에 불과하다. 반대로 자사가 졌다고 생각하고 타사와의 차이를 극복하는 일에만 급급하면 모방에 빠지기 쉽다. 어느 쪽이든 고객과의 거리는 멀어지게 될 뿐이다.

어느 상품과 서비스가 우수하고 열등한가, A사가 더 좋은지 B사가 더 좋은지의 상대적인 비교는 구매자인 고객이 할 일이지 판매자가 할 일은 아니다. 결과적으로 고객의 지지를 얻게 되면 타사에 대해 경쟁상 우위에 설 수 있다. 그러므로 진정한 경쟁상대는 끊임없이 변하는 고객의 니즈인 셈이다.

이 같은 사고방식은 나뿐만 아니라 대담을 통해 만났던 많은 경영자들도 마찬가지였다. 예를 들면 프랑프랑을 운영하는 BALS의 사장 타카시마 후미오 씨도 그렇다. 타카시마 씨는 원래 가구 제조업체에서 가구전문점과 백화점 등에 상품을 납품하는 일에 종사했었다.

그런데 그는 언젠가부터 '가구업계는 소비자의 의견을 반영하지 않고 프로덕트 아웃(product out, 기업이 소비자 입장보다는 판매자 입장을 우선시하여 상품과 서비스를 제공하는 방법)화 된 건 아닐까?'라는 의문을 품게 되었다. 그리고 자기 나름대로 고객의 목소리를 반영한 비즈니스를 해보기로 결심하고, 근무처의 자회사로 BALS를 창업하고 1991년 프랑프랑 제1호점을 오픈했다.

당연히 가구를 파는 것이 목적이었다. 하지만 '사람은 평생 세 번밖에 가구점에 가지 않는다'라는 일반적인 인식이 만연해있었기 때문에, 우선은 고객이 내점할 목적을 만들기 위해 잡화나 소품을 들여놓아 일상적으로 친숙해질 수 있게 했다. 그러다 여차해서 가구가 사고 싶어지면 프랑프랑이라는 가게를 떠올릴 수 있게 하자는 생각에서였다.

또 당시의 가구점들은 거실, 식당, 부엌, 침실 등의 모든 가구를 총망라하고 있는 대규모 점포가 주류였다. 그 형태에도 위화감을 느낀 타카시마 씨는 기존의 가구점과는 다른 방향성을 제시했다. 명확한 콘셉트를 만들고 그에 맞는 상품만을 집약해 고객에게 자신들의 메시지를 정확히 전달하는 것을 중시했다. 그리고 '캐주얼 스타일리쉬'라는 콘셉트를 토대로 도시의 혼자 사는 스물다섯 살 여성들을 주 고객으로 상정해 상품을 구비한 것이 프랑프랑이었다.

종래의 가구점과는 전혀 다른 발상이었기 때문에 '동종업계에서는 전혀 눈을 돌리지 않았다'고 말하는 타카시마 씨의 다음 말은 아주 인상적이었다.

"저는 동종업계가 어떻게 하든 전혀 상관하지 않았습니다. 그랬기 때문에 회사를 설립한 이래 10여 년 동안 업계의 외부인사와는 거의 만나지도 않았습니다. 우리만의 시장을 분명하게 만들어

두지 않으면 타사와 심한 경쟁을 해야만 합니다. 그래서 먼저 우리만의 시장을 만드는 일에 전념하고 독자적인 세계를 끊임없이 탐구했습니다. 그리고 우리의 고객들이 어떻게 판단하는지, 그것만을 보고 비즈니스에 전념했습니다."

나도 한때 직원들이 시장조사라는 이름으로 타사의 점포를 보러 가는 것을 금지한 적이 있는데, 그것은 앞에서 서술한 대로다. 옆을 보지 않고 오로지 눈앞의 고객니즈가 어떻게 변하는가만 직시한다. 옆을 돌아보는 동안은 같은 시장에서 타사와 극심한 경쟁을 해야 하지만, '나만의 시장'이 형성되면 고객과 일대일로 마주할 수 있게 된다.

프랑프랑에서는 타사와의 경쟁에 휘말리지 않도록 독창성 있는 상품과 가게 만들기를 추진했고, 지금은 고유상품이 70%를 점유한다고 한다. 창업 당시부터 자사 고유의 상품을 개발하고자 애써 온 세븐일레븐과 공통점이 많은 만큼 공감하는 마음 또한 컸다.

타업종 간의 경쟁시대

경쟁사에 눈을 돌려도 그다지 의미가 없는 또 하나의 이유는, 더 이상 같은 업계나 업태 안에서만 경쟁이 이뤄지는 것이 아니라 전혀 다른 업종에서 갑작스럽게 경쟁상대가 출현하고, 성격이 전혀 다른 기업이나 상품 및 서비스가 서로 경쟁하는 시대가 되었기 때문이다. 이를 두고 와세다대학 비즈니스스쿨 교수이며 오랜 기간 보스턴 컨설팅그룹에서 경영컨설턴트로 일해 온 우치다 카즈나리 씨는 '타업종 간 경쟁'이라고 부른다.

우치다 씨는 편의점이야말로 타업종 간 경쟁의 선두주자라고 말한다. 편의점이 보급된 결과 젊은이들이 음식점이나 레스토랑에 가지 않고 편의점 도시락으로 간단히 식사를 해결하게 되었다. 이러한 점을 고려하면 외식사업과 편의점 사업이 타업종 간 경쟁을 전개하고 있다고 볼 수 있다.

그는 또 최근 타업종 간 경쟁을 부추기고 있는 가장 전형적인 예로 휴대전화나 스마트폰을 들었다. 출퇴근길 전철 안을 둘러보면 신문이나 책을 읽고 있는 사람은 몇 찾아볼 수 없고, 대부분의 사람이 스마트폰 화면만 뚫어져라 쳐다보고 있다. 스마트폰으로 뉴스는 말할 것도 없고 온갖 정보를 얻고 게임도 즐길 수 있다. 그러니 게임전용기와 스마트폰도 타업종 간 경쟁을 펼치고 있는 셈이다. 사실 게임전용기 제조업자끼리의 경쟁은 먼 옛날이야기로, 게임전용기 제조업계는 스마트폰이라는 생각지 못했던 경쟁상대 때문에 고전을 면치 못하고 있다.

세븐일레븐이 세븐카페의 도입을 통해 목표한 것은 '일본 제일의 커피를 판매하는 가게'이다. 커피숍업계 입장에서는 편의점업계가 생각지도 않게 불쑥 경쟁상대로 출현한 셈일 것이다. 현시점에서 세븐일레븐이 가장 많이 팔고 있는 상품들을 열거하면(괄호 안은 연간 판매수) 도시락(4억 6천만 개), 삼각김밥(17억 개), 잡지·서적·만화(2억 4천만 부), 맥주계열(4억 6천만 병), 세븐은행의 ATM 이용(6억 9천만 건) 등등 여러 가지가 있다. 우치다 씨의 지적처럼 편의점은 타업종 간 경쟁을 펼치고 있는 전형일지도 모른다.

이러한 타업종 간의 경쟁시대일수록 '소비자 중심으로 새로운 사업 연쇄를 고려하는 것'이 무엇보다 중요하다고 말한다. '사업 연쇄'란 우치다 씨가 제기한 개념으로, 소비자가 상품 및 서비스를 구입할 때까지의(A/S를 포함) 전 과정 속에서 이루어지는 여러 가지 사업의 연결을 의미한다고 한다.

타업종 간의 경쟁시대가 되면 기업 내의 폐쇄된 활동범위 안에서 가치를 창출하고자 하는 종래의 사고방식이 아니라, 기존의 활동범위나 자사의 업종을 뛰어넘어 새로운 사업 연쇄를 만들어내는 움직임이 점점 활발해진다. 그 전형으로 우치다 씨가 제시한 것이 음악업계다.

과거의 음악업계는 뮤지션이 소속된 레코드회사가 음악CD를 제품화하고 영업활동을 전개하여 레코드가게 등의 소매점을 통해 판매했었다.

여기에 전혀 다른 업종에 있던 미국의 애플사가 진입해 들어왔다. 휴대용 음악플레이어인 아이팟(iPod), 음악관리 소프트웨어인 아이튠즈(iTunes), 음악 송신서비스인 아이튠즈스토어(iTunes Store)를 종합적으로 묶음으로써, 소비자는 그 어떤 레코드회사의 어떤 뮤지션의 곡이라도 네트워크상에서 디지털음원으로 다운받아 즐길 수 있게 되었다. 애플사의 전 CEO인 고(故) 스티브 잡스는 음악산업 세계에 완전히 새로운 사업 연쇄를 창출해냈다고 할 수 있다.

유통업인 우리 회사가 자체적으로 설립한 세븐은행 역시, 우치다 씨의 관점에 따르면 타업종 간 경쟁의 전형으로 새로운 사업 연쇄를 창출해낸 셈이다. 제휴금융기관(2013년 3월 현재 584개사)의 카드를 사용할 수 있는 세븐은행의 특징은, 은행별로 존재했던 ATM 기능을 멀티사용의 ATM 하나로 통합해 편의점 점포에 들여놓은 것이고, 전통적인 은행업무인 융자 등의 업무를 생략한 것이다. 결과적으로 기존의 은행업에 비해 새로운 사업 연쇄가 발생했다고 할 수 있다.

그런 의미에서 보면 세븐일레븐이 재료조달을 포함해 기획에서 판매에 이르는 모든 과정에 일관되게 관여하고, 식품제조업체 등과 공동개발을 진행한 세븐프리미엄도 새로운 사업 연쇄에 해당될지 모른다.

하지만 우리는 애당초 세븐일레븐에서 판매하는 도시락류는 물론이고 세븐카페나 세븐은행, 그리고 세븐프리미엄 역시 기존의 레스토랑업계나 커피숍업계 그리고 은행업계나 식품업계 등과 경쟁할 생각으로 시작한 것은 아니다. 어디까지나 '고객의 입장에서' 생각하고 고객의 편의성을 높일 목적이었다. 즉 '소비자 중심으로 새로운 사업 연쇄를 고려'하고자 끊임없이 노력한 결과 지금의 세븐일레븐이 있게 된 것이다.

세븐일레븐을 일본에서 시작하겠다고 했을 때, 소매업 전문가와 학자들 그리고 매스컴은 입을 모아 '성공할 리 없다'고 했다. 편의점에서 구비할 수 있는 상품은 어차피 슈퍼마켓에서 팔고 있는 상품들이고, 점포면적이 좁은 편의점으로서는 상품구비에 한계가 있어 승산이 없다는 것이다.

그렇다면 고객 니즈에 맞는 상품과 서비스를 우리가 직접 만들 수밖에 없다고 생각한 나는, 창업 이래 지금까지 줄곧 자사 고유의 상품과 서비스개발에 전력을 기울여왔다. 진정한 경쟁상대는 경쟁 타사가 아니라 끊임없이 변화하는 고객의 니즈라는 사고방식은 그러한 과정을 거치면서 자연스럽게 터득한 것으로, 편의점이라는 업태의 숙명이라고 해도 과언이 아닐지 모른다.

타사와의 경쟁이라면 추월하는 그 시점이 목표점이 되겠지만, 고객의 니즈는 끊임없이 변하기 때문에 이 경쟁에는 목표점이 없다. 분명히 말할 수 있는 것은 앞으로도 고객을 중심으로 한 새로운 사업 연쇄가 계속 탄생하리라는 것이다.

12 :
'내일의 고객'의 니즈는
눈에 보이지 않는다

진정한 경쟁상대는 끊임없이 변하는 고객의 니즈다. 어떻게 하면 고객의 니즈를 파악할 수 있을까? 주목해야 할 것은 현재가 아닌 '내일의 고객'의 니즈다.

하지만 니즈가 시시각각 변하는 '변화의 시대'에는 '내일의 고객'이 추구하는 새로운 것은 눈에 잘 보이지 않는다. 그러면 지금의 고객에게 '어떤 새로운 상품을 원하는가?'라고 설문조사하면 된다? 결코 그렇지 않다. 그러한 조사결과는 좁은 범위에 한정되고 그것만 봐서는 새로운 것을 탄생시킬 수 없다. 현대의 소비자는 '지금 없는 것'에 대해 대답해줄 수 없기 때문이다.

황금식빵의 경우만 보더라도 '6매입 1봉지에 250엔의 고급식

빵을 편의점에서 사겠습니까?'라고 사전에 고객들에게 물었다면 '그렇다'고 대답할 사람이 얼마나 있었겠는가. 그러나 발매를 시작한 황금식빵은 큰 인기를 얻었다.

재료를 엄선해 만들어 편의점 삼각김밥으로는 상식을 깨는 가격인 200엔 정도에 판매하고 있는 〈엄선한 삼각김밥〉도 '1개에 200엔 전후하는 고급 삼각김밥을 편의점에서 사겠습니까?'라고 물으면, 대부분의 사람이 '아니다'라고 대답했을 것이다. 그러나 〈엄선한 삼각김밥〉은 발매 개시한 해의 '히트상품 베스트'에도 랭크되었다.

이처럼 세븐일레븐에는 수많은 히트상품이 있는데, 만일 발매 전에 설문조사를 해서 '이런 상품이 나오면 사겠는가?'라고 물었다면 '안 사겠다'고 대답했을 것으로 추정되는 상품이 적지 않다. 하지만 그것이 막상 상품이 되어 매장에 진열된 순간, 그것을 찾는 고객들의 손길은 바빠진다.

소비가 포화상태인 지금, 소비자는 상품의 현물이 눈앞에 펼쳐졌을 때 비로소 '아! 내가 이런 걸 원하고 있었구나!'라고 잠재적 니즈를 자각하게 되고 대답은 역전된다. 현대의 소비자는 말과 행동이 반드시 일치하지는 않는다. 소비자 자신 역시 구체적인 이미지를 가지고 '이러이러한 상품을 원한다'는 의견이 없는 시대이기 때문이다.

그렇기 때문에 고객도 지금 존재하지 않는 상품에 대해서는 기존상품을 토대로 생각해 대답하는 수밖에 없다. 편의점의 식빵은 보통 6매입 1봉지에 100엔대 중반에 팔리고 있기 때문에, 250엔짜리 식빵을 사겠느냐는 질문에는 'NO!'라고 대답할 수밖에 없는 것이다.

그런데 만약 판매자가 그런 소비자와 같은 생각을 갖고 있다면, 고객의 잠재적 니즈에 대응할 수 있는 상품을 결코 제공할 수 없다. 고객에게 상품과 서비스를 제공하는 판매자는 과거경험을 부정하고 기존상식에 얽매이지 않아야 한다. 그래서 필요한 것이 '가설을 세운다'는 업무방식이다.

'내일의 고객'의 니즈는 눈에 보이지 않는다. 그것은 오로지 고객의 심리 안에 잠재되어 있다. 그렇기 때문에 '내일의 고객'의 니즈에 대해 가설을 세우기 위해서는 고객의 심리를 읽어내지 않으면 안 된다. 그럼 어떻게 하면 고객의 심리를 읽을 수 있을까? 다음 장에서는 세븐일레븐 점포에서 상품발주를 어떻게 하는지 그 예를 소개하고자 한다.

13 :
판매데이터가
'내일의 고객'에 대한
정보를 주지는 않는다

세븐일레븐의 일본내 총점포수는 1만 5천 점포가 넘고, 총 30만 명 이상의 아르바이트 혹은 파트타임의 스태프가 종사하고 있다. 세븐일레븐만큼 하루하루 '가설을 세운다'는 업무방식을 철저하게 실천하고 있는 곳은 아마 없을 것이다.

세븐일레븐 점포에서는 '발주분담'이라 하여 고교생 아르바이트에게도 상품의 발주를 맡긴다. 주력상품인 도시락과 삼각김밥을 담당하는 경우도 드물지 않다. 초보자나 다름없는 고교생 아르바이트도 점포의 경영을 좌우할 발주업무를 해낼 수 있는 것은 '가설과 검증'을 나날이 반복하기 때문이다.

세븐일레븐에서는 매일 오전 중에 다음날 입고할 물건들을 발주한다. 그때 내일 어떤 상품이 잘 팔릴까에 대해 가설을 세운다. 어떤 식으로 가설을 세우는가? 내가 종종 예로 드는 것이 '바닷가 가게의 매실장아찌 삼각김밥' 이야기다.

바닷가 마을에서 낚싯배 선착장으로 이어지는 도로가에 세븐일레븐 점포가 있다고 하자. 지금은 낚시시즌. 내일은 주말이고 일기예보에 따르면 날씨도 쾌청하여 낚시하기에 더할 수 없이 좋은 날이다. 이른 아침부터 낚시꾼들이 점심을 사러올 것으로 예상된다. 낮에는 기온이 꽤 오를 것으로 예상되는 만큼, 낚시꾼들 심리로 보면 시간이 지나도 잘 상하지 않을 음식을 찾을 것이다. '그렇다면 매실장아찌 삼각김밥이 잘 팔리지 않을까?'라고 가설을 세우고 그것을 평소보다 많이 발주해둔다.

낚시꾼도 점심을 살 생각으로 점포에 들어서지만 뭘 살 것인가까지 결정하고 오는 경우는 드물다. 진열대에 대량으로 진열된 매실장아찌 삼각김밥과, 낚시용 도시락으로 매실장아찌 삼각김밥을 추천하는 POP광고를 보고 본인도 그다지 의식하지 않았던 잠재적 니즈를 자각하고 너도나도 사 들고 간다. 고객은 '낚시꾼에 대해 잘 알고 있는 가게'라며 만족하고 앞으로도 자주 이용해야겠다고 생각한다. 반대로 아무 가설도 세우지 않고 여느 때와 다를 것 없는 상품들로 고객을 맞으면, 낚시꾼들의 인기가 매실장아찌 삼각김밥에 집중되는 일은 일어나지 않을 것이다. 그리고 고객은 그날은 어쩔 수 없이 다른 걸 사가더라도, 자신이 원하는 상품이 갖춰져 있지 않은 가게라고 실망하고 다시 찾을 의욕을 잃고 만다.

'내일의 고객'의 심리를 관찰하고 니즈를 예측하기 위한 정보를 우리는 '선행정보'라고 부르는데, 바닷가 가게의 매실장아찌 삼각김밥의 예에는 전형적인 선행정보 두 가지가 들어있다. 하나는 '쾌청'한 날씨에 '기온이 상승한다'는 기상정보다. 만일 '구름' 낀 흐린 날씨에 '기온이 떨어진다'는 예보라면 맛이 진한 닭고기볶음 삼각김밥이나 구이 삼각김밥이 잘 팔릴지도 모른다. 또 한 가지는 '주말' '낚시'라는 지역적 이벤트나 행사예정이다. 낚시를 하면서 먹을 수 있는 음식으로는 쉽게 삼각김밥이 떠오른다. 만일 다음날 근처 체육관에서 무슨 스포츠대회라도 예정되어 있다면, 볼륨감 있는 도시락의 니즈가 높아질 거라는 가설을 세워볼 수 있을 것이다.

그런가 하면 이런 가설을 세워보는 방법도 있다. 도쿄 주택가의 여러 지역에서 실시한 5월의 황금연휴를 겨냥한 기획의 예이다. 연휴기간에는 여행이나 레저를 위해 외출하는 사람들이 많기 때문에 아무래도 고객의 발길이 뜸해진다. 대신 연휴기간이라도 가게를 찾을 고객층으로는 젊은 세대보다는 비교적 높은 연령층이 예상되는데, 이때 그들의 니즈에 잘만 대응한다면 장기적인 고정고객의 확보로 발전할 가능성이 높다.

그 무렵 우리는 한 가지 디저트 계열 상품에 주목했다. 투명한 젤리 안에 여러 가지 과일이 들어있는 것인데, 평소에는 딱히 신경을 쓰는 상품이 아니지만, 원체 맛있는 데다 가격도 150엔 정도로 저렴한 편이어서 건강을 유난히 챙기는 고객들이 즐겨 사가는 상품이다. 연휴기간에는 도시락류 등 일상적인 상품의 진열대가 썰렁해지기 쉬운데, 색색의 신선한 젤리 디저트가 가득 진열되어 있으면 매장이 활기차 보이는 효과를 낼 수 있다. 지역 전체에서 적극적으로 발주한 결과, 평소에는 하루 2천 엔 정도였던 그 상품의 매출이 1만 엔에 달하는 가게들이 속출했다. 그 상품을 구매한 고객의 대부분은 가설대로 고령자였다.

같은 지역 내의 어떤 가게에서는 이런 황금연휴를 위한 가설 세우기에 자극을 받은 아르바이트생이 직접 독자적인 가설을 세워 성과를 내기도 했다. 연휴라고 해서 반드시 가족 전체가 함께 외출하는 것은 아니다. 혼자 남겨진 아버지는 저녁식사를 어떻게 할까? 즉석카레라면 간단히 만들어 먹을 수 있지 않을까? 그렇게 생각한 아르바이트생은 여러 종류의 즉석카레들을 모아놓은 특설매장을 만들어 매출을 급상승시켰다. 평소 즉석카레의 발주를 담당하고 실제로 상품을 보고 만지는 사람만이 직감할 수 있는 가설이었다.

편의점에서는 한여름에 아이스크림이나 빙과류가 많이 팔리는데, 내일의 낮 최고 기온이 30도를 넘는 땡볕이 예상되면 빙과류를, 30도 이하의 더위라면 아이스크림을 더 많이 발주하는 것도 일상적으로 실천하고 있는 가설이다. 또 2월 중에도 내일은 기온이 상승해 땀이 밸 정도의 따뜻한 날이 예상된다면, 아무리 겨울이라도 중화냉면이 잘 팔릴 것이라는 가설을 세우는 것도 세븐일레븐에서는 널리 알려진 사실이다.

판매데이터가 '내일의 고객'에 대한 정보를 주지는 않는다

판매결과는 POS(판매시점정보관리)시스템을 통해 알 수 있다. 세븐일레븐의 POS시스템을 보면 어느 상품이 언제 몇 개 팔렸는지까지 상세하게 알 수 있다. 가설을 세워 발주를 하면 가설대로 상품이 잘 팔렸는지 어땠는지 궁금해진다. 그럴 때 판매결과를 POS데이터로 체크하면 바로 검증이 가능하다.

POS시스템은 원래 미국에서 개발된 것으로, 미국에서는 오로지 계산대에서의 오류나 부정을 방지할 목적으로 사용되었다. 이것을 상품발주나 상품관리를 위한 도구로 사용하고 마케팅에 활용한 것은 일본의 세븐일레븐이 세계에서 처음이었다.

POS시스템에 대해 가장 오해하기 쉬운 것은, POS시스템의 매출순위 결과를 토대로 하여 발주하면 효과적일 것이라 생각하는 것이다. 그러나 POS가 제공하는 것은 '어제의 고객'의 데이터이지 '내일의 고객'에 대한 데이터는 아니다. '내일의 고객'의 니즈나 내일 잘 팔릴 상품 등은 인간이 가설을 세워 찾는 것이고, POS는 기본적으로 가설이 맞았는지 아닌지를 검증하고 다음 가설을 세우는 데 참고하기 위한 것이다.

이처럼 품목별로 가설과 검증을 반복하여, 매장에 고객의 니즈에 맞는 상품을 항상 구비하고 매출이 나쁜 상품은 배제함으로써 발주의 정확도를 높여가는 것을 '품목관리'라고 부른다.

POS는 기본적으로는 가설을 검증하기 위한 것이지만, POS데이터를 어떻게 읽느냐에 따라 거기에서 새로운 잠재적 니즈를 직시하고 가설을 세울 수도 있다. 예를 들어 이런 경우다.

도심의 오피스거리에 있는 점포에서는 점심시간이 되면 샐러드가 대량으로 판매된다. 주로 여성고객들이 도시락과 함께 구매하기 때문이다. 그러던 어느 날 POS데이터를 보고 있던 담당OFC(점포경영상담원)가 아침 출근 때도 (수량이야 점심때에 비하면 턱없이 적지만) 샐러드가 제법 팔린다는 것을 발견했다. 점포스태프에게 물어보니, 출근 도중에 젊은 여성고객들이 사간다는 것이다. 다이어트를 꿈꾸는 여성들이 아침식사로 샐러드를 사가는 게 아닐까? 여기에 잠재적 니즈가 있는 게 아닐까? OFC는 오너와 상의해 아침 피크시간을 대비해 샐러드를 대량으로 발주했다.

가설은 멋지게 적중했다. 여성고객들이 아침식사 대용으로 샐러드를 사서 사무실에서 먹는다는 니즈와 더불어, 혼잡한 점심시간대를 피해 미리 사다가 회사 냉장고에 넣어두는 수요도 있었다. 이후 그 가게에서는 아침에도 샐러드가 대량으로 진열되었고, 잠재적 니즈를 현재화시켜갔다.

지방의 도로변에 있는 점포에서는 POS데이터를 통해 주말이 되면 작은 종이팩 과즙음료가 잘 팔린다는 걸 알게 되었다. 그 원인이 궁금해 매장에서 지켜보니, 자가용으로 가게 앞을 지나가는 가족동반 고객들이 점포에 들러 어른은 탄산음료를 사고 어린아이들에게는 팩에 든 과즙 100% 주스를 사준다는 걸 알게 되었다. 종이팩이면 빨대를 꽂아 마시기 때문에 자동차 안에서도 흘리지 않고, 100% 과즙이니 안심하고 아이들에게 먹일 수 있다는 일거양득의 이점이 있다. 때문에 부모는 페트병보다 종이팩에 든 주스를 선택하는 것이 아닐까? 그다음 주부터 주말에는 종이팩 주스를 많이 발주하고 진열면적 역시 넉넉하게 배당하게 하였다.

고객의 심리를 읽고
가설을 세운다

이렇게 가설을 세운 발주의 예를 보면, 하나같이 발주자는 고객의 심리를 읽고 있다는 것을 알 수 있다. 바닷가 점포에서는 뜨거운 날씨에도 잘 상하지 않을 점심을 원하는 낚시꾼의 심리를, 주택가 점포에서는 집에서 저녁식사를 간단히 끝내고 싶은 아버지의 심리를, 오피스거리의 점포에서는 다이어트를 꿈꾸는 여성 고객의 심리를, 도로변 점포에서는 자가용 시트를 아이가 흘린 주스로 더럽히고 싶지 않은 부모의 심리를, 겨울이라도 따뜻한 날에는 중화냉면을 먹고 싶어 하는 심리를 읽고 가설을 세워 잠재적 니즈를 발굴해낸 것이다.

나 역시 새로운 상품이나 새로운 사업을 발안할 때는 항상 고객의 심리를 읽고 가설을 세운다. 예컨대 전에 이런 일이 있었다. 세븐일레븐에서 삼각김밥 가격을 100엔으로 내린 적이 있었는데, 히트는 반년밖에 지속되지 않았다. 다음은 어떻게 할까? 개발담당자는 이번엔 90엔으로 내리자는 의견을 냈다. 100엔 삼각김밥의 히트를 한 번 경험함으로써 성공체험이 각인되어버린 탓인지 '싸게 하면 팔린다'고 생각한 것이다.

그에 비해 나는 전혀 다른 고객의 심리를 읽고 있었다. 아무리 생산과잉의 시대라도 여러 가지 판매데이터를 살펴보면, 고객은 새로운 것에 대해서는 대단히 민감하게 반응하고 즉시 달려든다. 100엔 삼각김밥이 히트를 쳤던 것도 기존의 130엔대였던 것이 100엔에 팔린다는 사실에 고객이 새로움을 느꼈기 때문으로, 이제 와 다시 90엔으로 가격을 내린다고 해도 고객은 더 이상 새로움을 느끼지 않는다.

나는 '지금의 고객은 같은 것을 더 이상 필요로 하지 않는다!'라며 왕연어나 연어알 등 한 단계 업그레이드 된 재료를 사용한 고급 삼각김밥을 100엔대 후반이라는, 지금까지 기준으로는 상식 밖의 높은 가격으로 팔자는 안건을 냈다. 처음에는 좀처럼 이해받지 못했다. 100엔 삼각김밥의 히트라는 과거경험을 통해 가격을 높이는 것은 '고객을 위해서'가 아니라는 의식이 생겨나 있었던 것이다.

하지만 가격문제도 '고객의 입장에서' 생각하면 전혀 다른 광경이 펼쳐진다. 점심시간, 고객은 편의점에서 도시락을 산다. 음료수를 포함하면 대개 500엔 이상은 사용하는데, 170~180엔의 삼각김밥 2개와 음료수 혹은 국물 등을 사도 500엔이 될까 말까다. 고객은 한 단계 업그레이드 된 재료를 사용한 고급 삼각김밥이라는 새로운 가치를 느끼고, 예산 안에 들기만 하면 좀 비싸더라도 사지 않을까? 그렇다면 한번 도전해볼 만하지 않을까? 그것은 고객의 심리를 읽고 세운 가설이었다. 그 결과, 점포에 진열된 〈엄선한 삼각김밥〉은 대히트를 쳤고, 히트상품 베스트에도 올랐다는 이야기는 앞에서 말한 대로다.

제1장의 '고품질'과 '편의성' 두 가지 좌표축에 적용한다면, 100엔 삼각김밥은 가격 면의 '편의성' 축의 공백지대를 발굴해낸 경우지만 90엔으로 내리더라도 결국은 같은 영역이기 때문에 고객은 더 이상 새로움을 느끼지 않는다. 반면 〈엄선한 삼각김밥〉은 편의점의 삼각김밥이라는 '편의성' 안에 지금까지 없었던 '고품질'을 가미한 상품으로 공백지대를 발굴해낸 경우였다.

세븐은행의 설립도 마찬가지다. 우리는 고객이 점내 ATM을 이용해 돈을 인출할 때 발생하는 수수료를 주수익으로 삼고, 기본적으로 융자는 하지 않는 결제전문은행을 구상하였다. 이에 대해 앞에서 말했듯이 금융업계를 중심으로 '은행이 하나둘 경영파탄에 빠지고 있는 가운데 신규진출은 절대 무리다' '비전문가가 은행업을 하다니 반드시 실패할 것이다' 등등 부정론이 들끓었었다. 주거래 은행의 은행장도 일부러 찾아와 '우리처럼 금융을 전문으로 하고 있는 은행 ATM도 포화상태인데, 수익원이 ATM뿐이라면 성공할 리가 없다. 실패하게 보고 있을 수만은 없다'며 충고까지 해주었다.

하지만 나는 세븐일레븐에서 시작한 공공요금 등의 수납대행

서비스 취급액이 해마다 증가하고 있다는 사실을 통해 금융에서도 편의성을 요구하고 있는 고객의 심리를 읽고 있었기 때문에, 절대 괜찮다고까지는 아니더라도 70%는 성공하리라 가설을 세우고 실행에 옮겼다.

기존의 ATM은 1대당 800만 엔의 비용이 들었는데, 그 비용을 전제로 하면 경영은 확실히 힘겨울지 모른다. 그렇지만 편의점에 들여놓는 ATM은 기본적으로 돈의 입출금만 가능하면 된다. 그런 이유에서 종래에는 입출금 거래, 경비, 시스템, 전화 등 네 가지 기능을 위해 4개 회선을 확보했던 것을, 1개 회선을 이용해 일원적으로 관리하는 획기적인 방식을 개발하는 등 철저한 비용삭감을 꾀하였다. 그 결과 기존의 4분의 1인 2백만 엔까지 비용을 삭감하는 데 성공했다. 그렇게 하여 하루 1대당 70명이 이용하면 채산이 맞도록 하였다. 현재는 하루 1대당 평균이용 건수가 100건 전후의 추이를 보이고 있다.

14 :
'초보자의 시선'으로
'불만'을 느끼자

"스즈키 씨는 어떻게 고객의 심리를 읽을 수 있나요?"

주변에서 곧잘 듣는 질문이다. 내가 고객의 심리를 읽을 수 있는 것은 나 역시도 자기중심의 모순된 고객의 마음을 가지고 있기 때문이다.

단순한 예를 들자면, 내가 6매입 1봉지에 250엔짜리 황금식빵을 제안한 것은 지금까지보다 훨씬 맛있는 식빵을 먹고 싶었기 때문이다. 세븐프리미엄의 상품개발을 시작했을 때 가격의 저렴함보다 고품질을 추구했던 것도, 나 또한 식품은 역시 맛있게 먹는 것이 최고라고 생각했기 때문이다.

다시 말하지만 나는 오랜 세월 유통업에 종사하면서 판매경험도 발주경험도 없다. 그런 내가 유통기업의 경영자일 수 있는 것도 나 자신이 고객의 심리를 가지고 '고객의 입장에서' 생각할 수 있기 때문이다.

나뿐만 아니라 누구라도 일에서 한 발짝 물러서면 고객의 입장이 된다. 그러므로 보통의 생활감각으로 생각하면 고객의 심리를 읽을 수 있다. 히트메이커라 불리는 사람들의 공통점은 '보통의 생활감각으로 생각한다'는 발상을 중요시한다는 것이다.

예컨대 세븐일레븐 디자인의 총제작을 맡고 있는 사토 카시와 씨를 보자. 소비포화라 일컬어진 지 오랜 가운데 사토 씨는 광고, 상품, 점포에서 브랜드이미지까지 폭넓은 영역에서 예술창작과 제작감독으로 일하면서 수많은 히트상품과 히트브랜드를 창출해냈다.

사토 씨는 고교시절 창작자가 되기로 결심한 이래 '시대의 흐름을 읽자'는 생각을 줄곧 가져왔다고 한다. 사토 씨와 대담을 했을 때, 어떤 것에서 시대변화를 느끼는지 물어보았다.

사토 씨에 따르면, '기본적으로 아이디어나 영감은 하루하루의 일상 속에 있고, 생활자로서의 자신과 그것을 밖에서 바라보는 창작자로서의 자신이 있다'는 것이다. 즉 생활자로서 평소에 느낀 것들 중에서 창작자로서의 아이디어나 영감을 얻는다. 그 구체적인 예로 사토 씨가 휴대전화 디자인을 했을 때의 이야기를 일부

인용하도록 하자. 여기서 주목해야 할 것은 사토 씨가 '초보자의 시선'을 종종 언급하고 있다는 것이다.

스즈키 : 전 지금 잘 팔리는 상품에는 새로움이 필요하다고 생각합니다. 그래서 사원들에게도 새로움을 끌어내라고 항상 말하는데, 그것이 좀처럼 잘 안 돼요. 사토 씨처럼 새로운 것을 만들어내는 창조성은 어디에서 나오는 겁니까?

사토 : 새롭지 않으면 사람들은 감동하지 않고 자극도 받지 않습니다. 근본적으로 새로운가 아닌가는 차치하더라도 '신선하게 느껴진다'는 관점에서 보면 새로운 것은 의외로 쉽게 찾을 수 있습니다. 스즈키 씨의 저서를 보면 '초보자의 시선'을 아주 중요하게 생각하고 계신다는 걸 알 수 있는데, 저 역시 '초보자의 시선'이야말로 새로운 것을 끌어내는 데 있어 매우 중요하다고 생각합니다. 우리가 일상생활 속에서 느끼는 의문에서 발상을 하는 것이 중요합니다. 그런데 일을 하다 보면 회사 입장이나 대의명분을 앞세워 생각해버리고 말죠.

스즈키 : 말씀하신 대롭니다. 우리는 생활자를 대상으로 장사를 하기 때문에 생활감각을 중요히 여길 필요가 있습니다. 저는 '고

객을 위해서'가 아니라 '고객의 입장에서' 생각하라고 끊임없이 강조해왔습니다. 이것은 서로 비슷한 것 같지만 '고객을 위해서'라는 것은 어디까지나 판매자나 제조업자 입장에서 생각하는 거거든요. 그래서는 사토 씨가 말씀하시는 대의명분과 마찬가지로 생활감각에서 멀어지고 맙니다. '고객의 입장에서' 생각한다는 것은 곧 일이나 과거의 틀에서 벗어나 보통의 생활감각으로 생각한다는 것입니다.

사토 : 그 점은 참 혼동하기 쉽죠. 제가 처음 상품디자인을 시작한 것은 휴대전화의 디자인이었는데, 그때 이런 경험을 했어요. 전 평소부터 빨간색이면 빨간색으로 전체가 통일된 휴대전화를 갖고 싶었거든요. 그런데 왜 그런지 당시에는 그런 게 없었어요. 그래서 왜 이 부분은 색깔이 다르냐고 물었더니, "거긴 고무라서 회색입니다"라고 당연하다는 듯이 말하더라고요. 업계 입장에서는 부품의 소재가 다르면 색깔도 당연히 달라야 한다고 생각했던 거죠. 기술적으로는 같은 색으로 할 수 있었지만, 같은 색으로 하자면 비용이 조금이라도 더 들 테니까요. 하지만 일반인들 입장에서 보면 고작 비용이 오르니까 안 된다는 논리는 설득력이 없습니다. 전체가 빨간색이어서 더 멋지면 그게 더 좋다고 생각하죠. 그래서 제가 초보자의 시선으로 단색의 휴대전화를 만들고 보니까, 전에 없는 대

히트 상품이 된 겁니다. 그 후로는 소재가 달라도 같은 색으로 통일시키는 디자인은 아주 당연한 것이 되었어요.

스즈키 : 담당자는 사소한 것에 서서히 몰입되어가는 동안, 그 상품의 어떤 것이 정말 중요한 포인트인가를 잊어버리게 됩니다.

사토 : 몇십 엔 비용을 절감하는 것은 회사에게는 중요한 문제겠지만, 오로지 그것에만 얽매이면 새로운 아이디어는 탄생하지 않습니다. 초보자의 시선으로 '왜 이렇게는 안 되는 거지?' '좀 더 이러면 좋을 텐데'라는 소박한 의문을 해결하려는 시도가 새로운 것을 탄생시킨다는 것, 즉 창조성으로 이어진다고 생각합니다.

(세븐&아이홀딩스,《사계보》2009 Winter에서)

전문가라고 자만하지 않고
'초보자의 시선'을 중시한다

이처럼 대담 중에 사토 씨는 '초보자의 시선'이 얼마나 중요한가를 수시로 강조했다.
'초보자의 강점'에 대해서는 제1장에서 아오야마플라워마켓을 운영하는 파크코포레이션의 사장 이노우에 히데아키 씨의 예를 들어 소개했다. 이노우에 씨는 원래 꽃 판매업계에 있던 전문가가 아니라 스물다섯 살에 꽃의 세계로 뛰어든 초보자였다. 그래서 과거경험에 얽매여 고정관념에 빠지는 일도 없고, 흔히 이벤트에서 사용되는 고급 꽃이라는 '고품질' 속에 타당한 가격이라는 '편의성'을 가미하여 처녀지인 공백지대를 발굴해내는 데 성공했다.

또 JR동일본의 에큐트도 사내공모로 모집한 20~30대 전반의 스태프들은 유통에 대해 대부분이 초보자였다. 그랬기 때문에 사내외의 반대에도 불구하고 업계의 상식에 얽매이지 않고 주인의식과 신념을 가지고 전력을 다해 일함으로써 결국 오픈에 성공했다.

세븐일레븐도 창업 당시 신문광고를 통해 모집한 사원들이 대부분 소매업 경험도 없는 초보자들뿐이었기에, 또 세븐은행 역시 설립프로젝트팀의 멤버들이 금융의 '금'자도 모르는 초보자들이었기에 오히려 기존상식과 과거경험에 얽매이지 않고 도전할 수 있었다.

'초보자의 시선'을 중요하게 여기고 보통의 생활감각 안에서 생각한다.

앞 장에서 소개했던 아키모토 야스시 씨와 같은 프로 중의 프로도 나와 같은 자세로 하루하루 일을 한다는 사실을 알았을 때 무한한 공감을 느꼈다. '고정관념을 깨는 아이디어는 어떠한 것에서 발상되는가?'라고 물었을 때, 그는 이렇게 대답했다.

"다음 프로그램을 기획하자고 회의실에 모여앉아 몇 날 며칠을 생각해도 그럴듯한 답은 떠오르지 않습니다. 예를 들면 개그계의 명콤비 톤네루즈가 진행하는 프로그램 중에 〈싫어하는 음식 골라내기 왕중왕전〉이라는 인기프로그램이 있는데, 그 프로그램은 톤네루즈의 멤버 이시바시 타카아키 씨와 아나운서 셋이서 식사를 하러 간 자리에서 싫어하는 음식에 대한 이야기를 하게 된 게 계기가 되었어요. 사람에 따라 의외의 음식을 싫어하기도 하는구나 싶은 게 참 재미있었고, 그때 바로 〈싫어하는 음식 골라내기 왕중왕전〉의 아이디어가 떠올랐던 겁니다. 회의실에서였다면 그런 아이디어는 결코 떠올릴 수 없었겠죠."

"사원들도 모두 집에 가면 평범한 아버지거나 딸이잖아요. 회의하다 틈틈이 나누는 잡담에서 '아니, 어제 우리 애가 이러저러해서'라거나 '우리 집사람은 이렇다'는 이야기는 예사로 나오기 마련이거든요. 사실 그런 데에 힌트가 숨어있다고 생각합니다. 우리 같은 창작자들은 흔히, 우리는 전문가니까 그 묘미를 알 수 있지만 일반인들이 그걸 알기에는 아직 이르다고 생각하기 쉽습니다. 하지만 전문가든 일반인이든 재미를 느끼는 것에는 차이가 없어요. 그러니까 자기가 평소 생활 속에서 '재미있다' '독특하다'고 느낀 것을 절대 무시해선 안 됩니다."

아키모토 씨도 일에서 한 발짝 물러서서 '평범한 아빠' '평범한 딸' '평범한 사람', 즉 '초보자의 시선'으로 평소 생활 속에서 '재미있다'고 느낀 것을 눈여겨보았던 것이다.

프랑프랑을 운영하는 BALS의 사장 타카시마 후미오 씨도 직원들의 감성을 연마하기 위해서는 '가능한 한 잔업을 줄이고 개인적인 시간을 소중히 해야 한다'고 강조한다. 타카시마 씨는 회사에서 하는 일의 대부분은 '작업'이 차지하지만, 정말 중요한 것은 '작업'이 아니라 감성을 단련하고 '창조성'을 높이는 것이며 그것은 '개인적인 시간에 양성된다'고 말한다.

타카시마 씨 역시 시간을 내어 일에서 벗어나 세계를 돌며 뉴욕, 런던, 파리 등의 거리정보를 직접 보고 느낀다고 한다. 그 과정 속에서 사회동향이나 패션트렌드를 감지하고, 거기에서 고객이 다음엔 어떤 새로운 것을 추구할 것인지에 대한 '가설'을 도출해낸다는 것이다. 일의 현장에서 벗어남으로써 'BALS의 사장 타카시마 후미오'가 아니라 평범한 생활자로서 '초보자의 시선'을 되찾게 되는 것이리라.

아이디어나 영감은
일상생활 속에 있다

고객은 어떤 새로운 것을 추구하는가? 고객 스스로도 지금 없는 것에 대해 뭐라 말할 수는 없지만 대답은 고객의 심리 안에 숨어있다. 그리고 판매자 역시 일에서 한 발짝만 물러서면 구매자나 수요자의 입장이 되기 때문에, 고객으로서의 심리는 누구나 가지고 있는 셈이다.

그것을 알아내기 위해서는 어떻게 해야 할까? 그 힌트 역시 사토 카시와 씨의 말 속에 있다. 사토 씨는 이렇게 말한다.

"기본적으로 아이디어나 영감은 일상생활 속에 있고, 생활자로서의 나와 그것을 밖에서 바라보는 창작자로서의 내가 있다."

누구나 '생활자로서의 자신'을 가지고 있다. 물론 사토 씨는 생활자로서도 뛰어난 감각을 지니고 있겠지만, 사토 씨를 사토 카시와답게 만드는 것은 '그것을 바라보는 창작자로서의 사토 카시와'일 것이다.

나 역시 사토 씨와 비슷한 데가 있다. 그것은 '또 한 사람의 나'의 시점으로 나를 바라본다는 것이다. 나는 사원들에게도 일을 할 때 중요한 것은 자기 자신을 항상 객관적으로 바라보는 것이라고 강조한다. 스스로를 객관화한다는 것은 '또 한 사람의 나'의 눈으로 나를 바라보는 것이다. '또 한 사람의 나'의 시선으로 보면 시점이 전환되고, 자신도 일에서 한 발짝 물러서면 고객의 입장이 되어 자기중심적이고 모순된 심리를 가지고 있다는 것을 깨닫게 된다. 감각을 둔하게 하던 필터가 벗겨지고, 나 역시 고객으로서 니즈가 자꾸자꾸 바뀐다는 것을 알게 되는 순간이다.

반면 경험이 풍부하고 '나는 그 분야의 프로이고 전문가'라고 자부하는 사람일수록 '내 경험에 따르면 ○○이다'라는 식의 단언을 곧잘 한다. 하지만 그것은 대개 '내가 하기 쉬운 방법'이거나 '내가 옳다고 생각하는 방식은'이라는 의미로 사용된다.

'나는 프로다'라고 자만하는 사람은 데이터나 정보를 볼 때도 자신의 경험과 일치하는 것은 존중하지만 경험과 다른 데이터나 정보가 제시되면 '그것은 정보가 잘못됐다'며 일언지하에 내치고 만다. 그것은 과거경험이 '좋은 기억'으로 뇌리에 입력되어 있기 때문이다. 그 때문에 같은 상황에 직면하면 지금까지 무난했던 방법을 의심 없이 반복하려고 한다.

일단 뇌리에 새겨진 성공체험을 부정적으로 재검토하기 위해서는 '또 한 사람의 나'를 세워두고 고객의 심리를 가진 나는 무엇을 추구하는지 객관적으로 직시할 필요가 있다. '또 한 사람의 나'의 눈으로 나를 보는 것이 말처럼 쉬운 일은 아니다. 그런 만큼 항상 마음에 새기고 노력하는 수밖에 없다.

사토 카시와 씨는 '생활자로서의 내'가 일상생활 속에서 느낀 것을 '창작자로서의 내'가 객관적으로 바라봄으로써 시대의 흐름을 읽어내려고 한다. 아키모토 야스시 씨는 '우리는 전문가다'라는 의식을 항상 부정하고 평범한 사람의 감각으로 '재미있다'고 느끼는 것을 끊임없이 탐구한다.

보통의 생활감각으로 생각하고 '초보자의 시선'을 잃지 말아야 한다. 또 불만스럽게 느꼈다거나 '이런 게 있으면 좋을 텐데'라는 생각에서 힌트를 얻어 고객의 니즈에 대응하기 위한 가설을 세운다. 대답은 항상 고객의 심리 안에 있으며 동시에 '내 안'에도 있다.

제3장

'물건을 판다'는 것은 '이해한다'는 것이다

15 :
소비자의 행동은
논리가 아니라
심리로 움직인다

제2장에서는 고객니즈에 대응하기 위한 정답은 고객의 심리 안에 잠재되어 있다는 것, 그리고 고객으로서의 심리는 판매자 자신도 가지고 있기 때문에 정답을 찾기 위해서는 '초보자의 시선'과 보통의 생활감각으로 접근하는 것이 얼마나 중요한가를 지적했다. 그렇다면 그 심리는 어떠한 경우 어떻게 작용하는가? 이 장에서는 고객의 심리에 대한 이해를 높이고자 한다.

조금 다른 이야기인데, 일본의 소비세율은 2014년 4월부터 5%에서 8%로, 2015년 10월부터 8%에서 10%로 인상될 것으로 예정되어 있다. 이것은 고객의 심리에도 영향을 미쳐 소비시장에 적잖은 변화가 일 것으로 보인다.

소비세율 인상은 이전 정권이 결정한 사안인데, 5%에서 10%로 단번에 인상하면 충격이 너무 클 것이기 때문에 5%에서 8%, 뒤이어 10%로 단계적으로 인상함으로써 충격을 완화하려는 의도였던 것으로 보인다. 즉, 두 번으로 나누면 1회당 충격을 축소할 수 있으리라는 생각에서다. 민주당 내부에서는 1%씩 다섯 단계로 나눠 인상시키자는 의견도 나왔었다고 한다.

그에 대한 나의 생각은 전혀 다르다. 재정재건 등의 관점에서 보면 어찌 됐든 소비세율 인상은 불가피하다고 생각한다. 다만 경제전망이 아직 확실치도 않은 가운데 2년 연속 인상하는 것은 오히려 소비회복에 물을 끼얹는 격이 되지 않을까 우려된다. 두 번으로 나눴다고 해서 충격이 반으로 줄지는 않는다. 충격은 한 번이든 두 번이든 어차피 같기 때문이다. 지진의 경우를 보더라도 한 번이든 두 번이든 그에 대한 두려움은 똑같다. 그것이 인간의 심리다.

1997년 소비세율이 3%에서 5%로 인상되었을 때 소비가 악화되고 그 영향이 오래도록 지속되었다. 2004년에 세율은 그대로 두고 가격표시가 소비세 포함의 '총액표시'로 바뀌었을 때조차 소비는 영향을 받았다. 그러한 경위를 보더라도 일본인은 세금에 상당히 민감하다는 것을 알 수 있다. 그렇다면 인상하는 타이밍이 무엇보다 중요하고, 만일 인상하더라도 충격은 두 번보다는 한 번에 끝내는 편이 그나마 영향이 오래가지 않으리라는 것이 내 생각이다.

충격을 두 번으로 나누면 한 번에 느끼는 충격이 완화되리라는 발상은, 세율을 올리는 쪽이 단순한 이론에 입각해 그렇게 생각할 뿐 소비세를 내야 하는 소비자의 심리는 고려하지 못하고 있다.

또 이번 소비세인상과 관련하여 정부는 '소비세환원세일'이라고 명명한 세일을 금지하는 특별조치법을 성립시켰다. 세일표시에 관한 지침 안에 따르면 '3% 가격인하' '3% 환원'이라는 표시는 용인되지만 '소비세'나 '증세분'이 포함된 표현은 금지된다고 한다. 이 규제는 소매업자가 증세분만큼의 가격인하를 납품업자에게 요구하는 것을 방지하기 위한 것이라고 하는데, 이 역시 소비자의 심리를 전혀 고려하지 않은 처사다.

1997년 소비세율이 인상되고 소비가 저조했을 때, 이듬해인 1998년 이토요카도에서 불황돌파기획으로 '소비세분 5% 환원세일'을 발안한 사람은 나였다. 이 발안에 대해 당시 사내에서는 '10~20% 할인해도 팔릴까 말까 하는 판국에 5% 할인에 고객들이 매력을 느낄 리 없다'라며 대부분의 영업간부들이 반대했다는 이야기는 앞에서 언급한 바 있다.

그렇다면 '전년도 홋카이도 척식은행이 파산한 이래 소비가 식어버린 홋카이도에서 시도해보자'라며 실험적으로 실시한 결과 대반향을 일으켰고, 그다음 주부터는 전 점포에서 전개하여 매출 60% 증가라는 대히트를 치게 되었다. 특히 잘 팔린 것은 1벌에 몇만 엔씩 하는 캐시미어 코트 등 고액의 상품이었다. '불황돌파, 소비세분 환원'이라는 문구 속에 내포된 '반소비세인상'이라는 이벤트성과 스토리가 고객의 심리에 전파되어, 전년도 소비세율 인상에 반발하는 잠재적인 불만을 자극한 것이다. 그 이후 '소비세분 환원세일'은 타사로 번져나가 전국적으로 확산되었다.

이번 소비세율 인상 역시 소비의 저조를 초래할 것으로 예상되는데, '소비세 환원세일'을 규제하는 것은 소비자의 심리를 무시한 처사라고 말하지 않을 수 없다.

소비자는 결코 경제적 논리로 움직이지 않는다

현실의 소비자는 경제적 논리로는 이해할 수 없는 행동을 종종 한다.

'소비세분 5% 환원세일'도 단순한 '5% 할인세일'이었다면 고객은 별 반응을 보이지 않았을 것이다. 인간은 같은 것이라도 제시되는 방법에 따라 선택의 경향이 달라진다. 2008년 9월의 리먼쇼크 이후 이토요카도에서 실시한 불황돌파기획 '캐시백 캠페인'도 마찬가지다.

의류품을 중심으로 구매한 금액에서 최대 20~30%를 현금으로 돌려주는 것이다. 2008년 11월 말의 제1탄이 성공한 것에 용기를 얻어 제2탄, 제3탄…… 연이어 실시하였다. 예컨대 1만 엔짜리 상품의 20%를 환급받으면 2천 엔이다. 논리로 따지면 20% 할인과 똑같다. 오히려 캐시백의 경우, 고객은 먼저 계산대에서 대금을 정산한 후 고객센터로 가서 대상상품별로 환급받아야 하기 때문에 시간도 걸리고 번거롭기까지 하다.

그런데 2천 엔을 현금으로 돌려받으면 '고맙습니다'라고 판매자인 우리에게 인사를 하는 고객도 많았다. 1만 엔의 상품을 20% 할인된 8천 엔에 사더라도 계산대에서 '고맙다'고는 설마 말하지 않을 것이다.

리먼쇼크와 같은 해 여름, 원유의 기록적인 가격급등으로 휘발유 가격이 상승했을 때의 '휘발유 할인권'도 대히트였다. 기간 중 구매금액 합계 5천 엔당 휘발유 1리터에 10엔을 할인받을 수 있는 할인권(최대 50리터까지)을 선물했다. 이 역시 논리상으로는 10% 가격할인으로, 일반적인 경제학으로 따지면 어느 쪽이든 효용이 같다고 생각한다. 하지만 결과는 대성공으로 기간 중 전 점포의 매출이 전년도 같은 기간에 비해 20%가 증가했다. 단순한 가격

할인으로는 이 정도까지 성과를 거두기 어렵다.

이처럼 소비자의 행동은 논리가 아니라 심리로 움직인다. 그런데도 판매자는 자칫하면 논리로 생각하기 쉬운데, 반드시 기억해야 할 것은 심리의 세계에 있는 고객에게 논리의 세계로 접근해서는 안 된다는 것이다.

16 :
고객은 '받았다는 만족'보다 '못 받았다는 불만'을 더 크게 느낀다

소비자는 왜 경제적 논리와는 다른 행동을 하는가?

제1장에서 리츠메이칸대학원 교수이자 행동경제학에 정통한 마케팅컨설턴트 루디 카즈코 씨가 착안한 현대 소비자의 '손실회피의 심리'를 소개했다.

손실회피의 심리는 행동경제학에서도 주요한 테마 중 하나다. 인간은 손실과 이득을 같은 저울에 올리지 않고 같은 금액이면 이득보다 손실 쪽을 더 크게 느낀다. 같은 1만 엔이라도 1만 엔을 받은 기쁨과 만족감보다 1만 엔을 잃은 고통과 불만이 훨씬 크게 느껴진다. 그래서 인간은 손실을 피하는 쪽으로 행동한다. 이것을 행동경제학에서는 '손실회피성'이라 부른다.

전망이 불투명하고 불확실한 시대일수록 고객은 지금 가지고 있는 것을 잃고 싶지 않고 손해 보고 싶지 않다는 손실회피의 심리가 확산된다고 루디 씨는 말한다. 그러한 '손해 보고 싶지 않다'는 심리를 자극해서 대히트를 친 것이 캐시백 캠페인과 더불어 실시한 불황돌파기획 '현금보상판매'일 것이다.

기간 중에 의류품 구매총액 5천 엔당, 고객이 필요 없어진 의류를 1점에 1천 엔 현금으로 사들인다. 이 역시 대인기를 얻어 회를 거듭할수록 대상품목을 슈트, 코트, 핸드백, 가죽구두 등에서 다른 의류나 침구, 인테리어용품, 주방용품, 가전제품으로 확대하였고, 구매총액도 3천 엔당 1점에 500엔에 사들이는 등 보다 이용하기 쉽게 조정해나갔다.

이 또한 논리로 생각하면 할인과 다를 게 없다. 오히려 보상판매 할 물건을 챙겨오는 수고까지 든다. 그런데도 기간 중 매출이 20~30% 상승했다. 그 후 소매업계에서는 현금보상판매 세일을 시작하는 곳이 끊이지 않았다.

왜 고객들의 지갑이 느슨해진 것일까?

처음 내가 이 기획을 제안했을 때 사내에서는 소비세분 환원세일 때와 마찬가지로, '세일을 해도 쉽게 팔리지 않는데, 세일도 없이 보상판매만 가지고는 고객의 지갑을 열 수 없다'며 성과를 의심하는 목소리들이 높았다. 어디까지나 논리로 생각한 의견들이었다.

하지만 인간은 심리와 기분 내지 감정으로 움직인다. 어느 가정이나 옷장 속은 옷들로 가득하다. 더 이상 입지 않는 옷들도 좀처럼 버리지 못하고 쟁여두기 일쑤다. 그것은 본능적인 것으로 버리면 손해를 본다는 심리가 작용하기 때문이다. 그렇다면 옷장 속을 비울 수 있는 조치를 하면 된다. 보상판매라면 입지 않게 된 옷에 가치가 생기고, 손해는 없기 때문에 돈으로 바꿔 새것을 사자고 생각한다. 나는 그 심리를 읽어낸 것이다.

소비가 포화상태에 이르러 서둘러 물건을 사지 않게 된 지금이야말로 논리를 버리고 심리를 자극하는 장치가 요구된다.

'그럴 만하니까 싸다'
'그럴 만하니까 비싸다'

앞서 소개한 루디 씨에 따르면, 같은 가격할인이라도 단순한 20% 할인으로는 소비자의 신용을 얻을 수 없지만 '그럴 만하니까 싸다' '그럴 만하니까 할인'하는 경우 소비자는 '손해는 안 본다'고 납득하고 구입한다는 것이다. 그래서 세븐일레븐이 제조업자와 공동개발해 고객의 지지를 얻었던 예를 소개하자 루디 씨는 '그럴 만하니까 비싸다'는 상품이 등장한 것에 공감을 표해주었다.

그 상품이란 2010년 12월에 산토리와 공동개발한 캔맥주의 예이다. 맥아 100%로 재료를 엄선한 세븐일레븐 한정의 〈갓 수확한 맥아로 만든 생맥주〉는 한 캔에 238엔(350㎖)으로 캔맥주치고는 비싼 가격에 발매한 데다, 매장에서도 과감히 공간을 할애해 진열함으로써 예를 찾아볼 수 없는 고급맥주라는 것을 강조했다. 그 결과 대단한 호응을 얻으며 큰 성과를 거두었다.

우리가 자신감을 가지고 메시지를 전하면 고객은 그 매력을 감지하고 구매한다. 루디 씨에 따르면 여기에도 손실회피의 심리가 작용한다고 한다. 판매자가 자신감을 가지고 상품을 만들고, 널찍한 공간을 할애하여 진열한 후 접객과 판매방법의 연출을 통해 장점을 부각시키면, 고객은 그 자신감을 직시하고 '이건 사도 손해는 없겠다'고 납득한다는 것이다. 그러므로 전망이 불투명하고 불확실한 시대일수록 자신감 넘치는 마케팅을 실시하고 지혜를 짜서 판매하는 것이 중요하다는 말이다.

찾는 상품이 있을 때의 기쁨보다 없을 때의 실망감이 훨씬 크다

손해와 이득을 같은 저울에 올려놓지 않고, 얻게 된 이득보다 잃게 된 손실을 더 크게 느끼는 심리는 일상생활 어디서나 찾아볼 수 있다. 인사 하나만 봐도 그렇다. 예컨대 신입 사원이 회사에서 상사와 우연히 마주쳐 인사했을 때, 상대방도 '잘 지내나!?'라고 인사를 건네주면 기분이 좋아진다.

그런데 어쩌다 그 사람이 다른 생각에 빠져 있느라 무의식중에 모른 체 지나가 버리면, 상대방은 그럴 생각이 추호도 없었는데 괜히 무시당한 것 같아 언짢기도 하고 내내 마음이 꺼림칙하기도 하다. 인사도 '받는 기쁨'보다 '받지 못한 불만'이 훨씬 크게 느껴진다. 이것은 편의점의 고객과 점원 사이에서도 마찬가지다.

인사만이 아니다. 점포의 상품구비와 품질, 접객서비스의 질 등 모든 면에 있어서도 마찬가지다. 찾는 상품이 없을 때 고객은 다른 상품을 사줄지도 모른다. 하지만 찾는 상품이 있을 때의 기쁨보다 없을 때의 실망감이 훨씬 크다. 그런 상황이 지속되면 고객의 충성도는 금방 사라지고 만다.

또 구입한 도시락 맛이 2% 부족하게 느껴졌다고 하자. 맛있다고 느끼는 '기쁨'보다 맛없다고 느끼는 '불만'이 훨씬 크게 다가온다. 다른 종류의 도시락이 아무리 맛있다고 하더라도 세븐일레븐의 맛은 이 정도에 불과할 거라는 선입견이 생기고 신용도 떨어지고 만다. 고객의 충성도를 유지하기 어려운 것은, 노력에 노력을 거듭한 결과 고객의 충성도를 얻었다 하더라도 어쩌다 한 번 실망시키면 모든 것이 순식간에 무너지고 말기 때문이다.

우리 그룹이 '변화에 대한 대응'과 더불어 '기본의 철저'를 슬로건으로 내걸고, 특히 세븐일레븐에서는 '상품구비' '신선함' '청결함' '친절한 서비스'의 기본4원칙, 즉 고객이 원하는 상품을 원하는 때에 구비해둘 것, 상품을 항상 신선한 상태로 보존할 것, 점내를 항상 청결한 상태로 유지할 것, 마음을 담아 고객을 접대할 것을 하루하루 모든 점포에서 철저하게 지키는 것은 고객의 충성도를 유지하기 위한 기본 중의 기본이기 때문이다.

판매자에게도
손실회피의 심리는 있다

얻을 수 있는 이익보다 잃게 되는 손실을 훨씬 크게 느끼고 손실을 회피하려고 하는 심리는 판매자에게도 역시 존재한다. 그것을 보여주는 흥미로운 예가《경제는 감정으로 움직인다 : 첫 번째 행동경제학》에 소개되어 있다. 이 책은 행동경제학 초심자를 위해 이탈리아의 경제학자 마테오 모테를리니(Matteo Motterlini)가 쓴 '왜 뉴욕에서는 비 오는 날 택시를 잡기 어려운가?'에 대한 이야기다.

뉴욕의 택시기사들은 매일 매출목표액을 정해두고 그 액수에 달하면 그날의 일을 끝낸다고 한다. 비 오는 날에는 이용객이 많아지므로 단시간에 목표액을 달성하기 때문에 여느 때보다 일찍 일을 마치게 되고, 결과적으로 승객들은 택시를 좀처럼 잡을 수 없게 된다. 비 오는 날 더 오래 일하면 보다 많은 이익을 얻을 수 있을 텐데도, 현실은 반대의 움직임을 보이고 있었던 것이다. 그것은 왜일까? 택시기사는 그날의 매출이 목표액에 달하지 못하면 그것을 손해라고 생각하고, 손해를 회피하려고 더 오래 일한다. 하지만 결과는 그다지 많이 벌지 못한다. 반면 비 오는 날은 보다 오래 일하면 이익을 얻을 수 있을 텐데도, 목표액에 도달하고 나면 더 오래 일한다는 적극적인 태도를 취하지 않는다. 그 결과 큰 기회손실이 발생하고 만다.

뉴욕의 택시기사와 비슷한 행동을 점포의 상품판매에서도 찾아볼 수 있다. 상품판매에서 발생하는 손실에는 팔고 남은 상품에 의해 생기는 '폐기손실'과, 그 상품이 있으면 팔렸을 텐데 없었기 때문에 발생하는 '기회손실'이 있다. 기회손실은 바꿔 말하면 그 상품이 충분히 있었다면 얻어졌을 이익이라고 말할 수 있다.

인간은 원래 이익보다 손실을 더 크게 느끼는 데다, 폐기손실은 눈에 금방 띄고 어느 정도 손실을 보았는지 숫자로도 금방 나타난다. 그에 비해 기회손실, 즉 얻을 수 있는 이익은 직접적으로는 눈에 보이지 않는다. 그렇기 때문에 판매자는 아무래도 폐기손실만을 눈여겨보게 되고, 폐기손실을 두려워한 나머지 그걸 회피하고자 소극적인 발주를 하게 된다.

하지만 매장에 진열된 개체수가 적으면 상품으로서의 호소력이 떨어지기 때문에, 고객에게 그 상품을 인지시킬 수 없게 된다. 그것이 식품이라면, 매장에 달랑 두세 개 진열되어 있는 상품은 '여분'이나 '팔고 남은 것'쯤으로 생각하고 오히려 고객이 '선택하지 않는 이유'로 작용하게 된다. 폐기손실을 염려한 소극적인 발주가 폐기손실을 낳고 마는 악순환에 빠지고, 이윽고 축소균형(수요가 감소하면 공급도 감소시켜 균형을 유지하려고 한다) 일로를 걷게 되는 것이다.

세븐일레븐의 경우, 그런 악순환에 빠지지 않도록 실시한 것이 품목관리다.

앞에서도 서술했듯이, 세븐일레븐 점포에서는 발주분담이라는 시스템을 두어 오너나 점장은 물론이고 아르바이트나 파트타임의 종업원에게도 발주권한을 준다. 취급하는 상품이 약 2천8백품목으로 많기 때문이기도 하지만, 스태프의 도전의욕을 끌어내려는 의도가 무엇보다 크다.

인간은 모름지기 자기 일에 있어서는 보수적이 되기 때문에, 오너나 점장은 발주할 때 보수적인 심리에 빠져 폐기손실을 피하려는 방향으로 치우치기 쉽다. 그에 비해 아르바이트나 파트타임의 스태프는 책임이 주어지면 넘치는 의욕으로 확실한 가설을 세우고, 과감한 양을 발주하여 자기책임 하에 완매하고자 노력한다.

그들은 어떤 의미에서는 초보자나 다름없지만, '초보자의 시선'으로 바라보고 보통의 생활감각으로 접근할 수 있다는 점에서는 오히려 고객의 심리를 잘 읽을 수 있다. 점포경영의 컨설팅을 담당하는 OFC도 그들의 도전의욕을 끌어내고 지원한다.

그렇게 가설을 세우고 적극적인 발주를 해 결과를 검증하면, 기회손실이 될 뻔했던 이익이 매출의 숫자로 가시화된다. 그럼 폐기손실보다 기회손실에 주목하게 되고, 그것을 최소화하기 위해 더욱 적극적인 발주를 하게 된다. 넓은 공간을 할애해 진열하고 접객과 판매방식의 연출로 상품의 장점을 극대화하면, 고객은 그 자신감을 감지하고 '이것을 사도 손해는 없겠다'고 설득되는 것이다.

판매자가 손실회피의 심리에서 벗어나 도전의식을 가지고 적극적인 자세를 취하면, 구매자도 손실회피의 심리에서 벗어나 구매의욕을 가지고 적극적으로 손길을 뻗어오게 된다. 이러한 선순환을 철저하게 실현하고자 하는 것이 세븐일레븐이고, 그 결과가 전 점포의 평균매출 상승으로 나타나고 있다.

17:
고가·중가·저가의
상품이 있으면
'중가'가 선택된다

가격설정도 고객의 심리와 밀접한 관계가 있다.

세븐일레븐에서는 곧잘 '삼각김밥 100엔 세일'을 한다. 160엔 미만의 삼각김밥이나 수제초밥을 전품 100엔에 판매하는 세일이다(160엔 이상의 상품은 전품 150엔에). 통상의 삼각김밥 판매가격은 예컨대 으깬연어알밥은 150엔, 홍연어나 매운 명태알은 136엔, 키슈난코매실은 110엔, 히다카다시마는 105엔으로 각기 가격이 다르기 때문에, 100엔 세일 때의 할인율은 각각 다르다. 소금맛 삼각김밥은 원래가 100엔이기 때문에 할인이 전혀 없는데도 세일 때는 불티나게 팔린다.

삼각김밥처럼 소액상품의 경우 '전품 20% 할인'이라는 비율표

시보다 '전품 100엔 균일'과 같은 금액표시가 전체 할인율은 낮아도 효과가 있다. 가격에 대한 고객의 반응도 경제적 논리와는 동떨어진 신기한 경우가 많다.

내가 자주 예로 드는 것은 깃털이불과 소고기다. 이토요카도에서 깃털이불을 취급했을 때 가격에 있어서 재미있는 현상이 벌어졌다. 처음 1만 8천 엔과 3만 8천 엔 두 종류를 나란히 놓고 판매했을 때는, 1만 8천 엔 상품이 잘 팔리고 3만 8천 엔의 고급상품은 인기가 없었다. 그런데 한 단계 높은 가격인 5만 8천 엔의 상품을 함께 진열하자마자 역전현상이 벌어진 것이다. 즉 3만 8천 엔 상품이 제일 잘 팔리게 되고 전체 매출도 크게 증가하였다.

왜일까? 처음에 두 종류만 내놓았을 때 고객은 3만 8천 엔짜리 이불의 가치를 실감하지 못했다. 반면 1만 8천 엔 상품도 가격에 비해 나쁘지 않다고 느끼고 가격이 저렴한 쪽을 선택한 것이다. 그런데 여기에 한 단계 높은 5만 8천 엔 상품이 더해지자, 전체의 가치를 비교할 수 있게 되었다. 5만 8천 엔짜리 이불은 역시 품질이 고급이긴 하지만 그렇게까지 고급이불일 필요는 없다. 3만 8천 엔짜리 이불은 5만 8천 엔짜리보다 질은 조금 떨어져도 1만 8천 엔 상품보다 이러이러한 점이 더 좋고 품질도 고급인데다 가격도 5만 8천 엔보다 싸다. 그렇다면 가장 저렴한 상품보다 가격은 좀 비싸도 품질과 가격 두 측면에서 납득할 수 있는 상품을 사자고 결정하게 된다.

즉 고객의 입장에서 '고품질'과 '편의성' 두 가지 좌표축으로 상품을 판단했을 때, 깃털이불도 가격대가 두 종류뿐이면 비싼 것의 '고품질'을 실감하지 못하고 가격의 '편의성' 쪽에 가치를 두게 된다. 하지만 거기에 보다 고액의 상품이 추가되어 세 종류가 진열되면, 3만 8천 엔 상품의 '고품질' 정도가 다른 상품과의 비교를 통해 실감이 되고, '고품질'이면서도 가격의 '편의성'도 적당한 중간 가격의 상품을 선택하게 된다.

소고기의 경우에도 100그램에 700엔 정도의 상품이 잘 팔린다고 해서 그 가격대만을 진열해두면 안 된다. 그러면 고객은 700엔이라는 가격을 비싸게 느껴 구매의욕을 잃게 된다. 하지만 500엔, 700엔, 1천 엔의 상품을 각각 구비해두면, 고객은 500엔짜리 소고기는 가격은 저렴하지만 700엔 쪽이 품질은 더 좋아 보이고, 700엔 상품이라면 1천 엔보다는 적당한 가격이라고 느껴 결국 700엔의 소고기를 선택하게 된다.

소고기도 700엔짜리만 진열되어 있으면 '고품질'도 '편의성'도 실감할 수 없다. 여기에 보다 고액의 상품과 보다 저렴한 상품을 추가하면 고기의 '고품질'과 가격의 '편의성' 두 측면에서 비교할 수 있게 되고, '고품질' 속에 '편의성'까지 더해진 중간 상품을 선택하게 된다. 같은 깃털이불, 같은 소고기라도 상품구비와 가격설정에 따라 가치의 느낌이 달라지고 판매방식도 전혀 달라진다. 그것이 바로 가격의 심리학이다.

다만 모순되어 보이면서도 일관되는 것은 선택의 정당성이다.

여러 차례 강조했듯이 '고객은 무엇을 사는가? 고객은 가치를 산다.'

가격의 저렴함도 하나의 가치이긴 하지만, 저렴함만으로 뭔가를 사지는 않는다. 고객은 그 상품에 사야 할 가치가 있다고 납득할 수 있는 이유를 찾아 자신의 선택을 정당화시키고자 한다.

깃털이불의 가격이 3만 8천 엔과 1만 8천 엔 두 종류뿐일 때는 싼 쪽을 선택할 사람도, 5만 8천 엔 상품이 선택권 안으로 들어오면 3만 8천 엔 상품을 선택하게 된다. 분명 모순되어 보이지만, 구매자에게 어느 쪽이나 납득할 수 있는 이유가 있으면 더 이상은 모순이 아니다. 같은 상품을 여러 종류 진열해놓고 팔 때 중요한 것은, 고객이 가치를 비교하고 자신의 선택을 합리화하여 소비를 정당화할 수 있는 가격설정이 이루어져야 한다는 사실이다.

18 :
성공의 열쇠는
'폭발점의 원리'에 있다

세븐일레븐 점포에서는 '내일 어떤 상품이 잘 팔릴까?'에 대해 일단 가설을 세우면, 적극적으로 발주하고 매장에서도 과감하게 공간을 할애해 대량으로 진열함으로써 '이것이 추천상품입니다!' 라고 자신 있게 메시지를 전달한다. 그러면 고객도 그러한 자신감을 감지하고 안심하고 상품을 집어 든다. 여기에는 인간 심리의 '폭발점'도 관여하고 있다.

수온이 상승해 100도가 넘으면 물이 끓듯이 인간사회에서도 어떤 장치나 작용이 일정단계까지 차오르면 돌연 브레이크가 걸리는 폭발점이 있다. 그것은 고객의 심리에도 적용된다. 어떤 작용에 의해 인지도가 일정수준까지 높아지면 급정지하여 행동으로 나타나게 된다.

상품진열에 있어서도, 어떤 품목의 진열량이 일정수준 이상이 되면 고객의 인지도가 급상승하고 심리에 자극을 받게 된다. 그렇게 구매의욕이 폭발점에 달하게 되면 고객은 그 상품으로 손을 뻗지 않을 수 없다. 예를 들어 사과를 팔 때, 길이 1.8미터의 진열대 하나에 진열하는 것과 아예 두세 개의 진열대에 진열하는 것은 매출에 있어서 전혀 다른 결과를 낳는다. 반대로 넓은 공간을 할애하면 500개는 가볍게 팔리는 생선튀김도, 인기가 있으니까 좁은 공간에서라도 잘 팔릴 거라고 생각하고 공간을 축소하면 실상 100개를 못 팔 때도 있다.

이러한 '폭발점의 원리'를 가장 진솔하게 보여주는 것이 세븐은행의 ATM 이용건수다. 2001년도에 도입한 이래 1, 2년 동안은 적자를 면치 못했다. 애당초 금융업계에서 '초보자가 하면 실패한다' '경영이 유지될 리 없다'고 했던 만큼 담당자들은 걱정이 이만저만이 아니었다. 하지만 ATM 이용현황을 주시하고 있던 나는 이용건수가 조금씩 상승하는 것을 보고 좋은 방향으로 가고 있음을 확신하였다. 그것은 폭발점의 원리를 알고 있었기 때문이다.

채산이 맞고 안 맞고와는 상관없이 모든 점포에 ATM을 설치한 후, 제휴금융기관의 수를 늘려가면서 체인으로서의 편리성을 높였다. 이 전략을 철저하게 추진한 결과 고객의 인지도는 서서히

올라갔고, 3년째를 맞이한 해부터 ATM 1대당 하루평균 이용건수
가 급속히 증가하더니 급기야 채산라인(당시 70건)을 돌파했다.

　편의점 점포에 ATM을 설치하는 데 있어서 각 은행과 ATM을
공동운영하는 회사를 만드는 방법도 있었지만, 우리는 그렇게 하
지 않았다. 다소 어려움이 있었지만 그룹 자체의 은행을 만들었기
때문에 ATM의 설치 전반을 자체적으로 컨트롤하여 폭발점을 유
도해낼 수 있었다.

　폭발점의 원리는 출판업계에서도 흔히 볼 수 있다. 보통 단행
본은 초판으로 몇천 부를 찍는 것이 일반적인데 비해, '이건 되겠
다!' 싶은 책은 처음부터 만 부 단위로 인쇄하여 서점에서의 노출
도를 단번에 높이고 미디어를 통해 광고하는 등 화제성을 올려
폭발점으로 이끌어갈 수 있다.

　예를 들어 제1장에 등장했던 겐토샤의 사장 켄죠 토오루 씨도
기회를 놓치지 않기 위한 장치를 해두고 있다. 방법은 이렇다. 매
일 아침 POS데이터로 자사서적의 판매현황을 체크하는데, 그것
을 통해 어떤 책이 홋카이도 지역에서 갑자기 잘 팔리기 시작했음
을 알게 된다. 그럼 이틀 뒤에는 홋카이도 신문 등에 그 책에 대한
광고를 내고 긴급 증쇄하여 닷새쯤 뒤에는 홋카이도 전 서점에
대량으로 진열하게 한다. 그런 다음 지역의 방송국이 자체 제작
하는 정보프로그램 등을 이용해 노출량과 정보량을 과감하게 증

가시켜 인지도를 순식간에 높여 폭발점에 이르게 한다. 그러한 움직임은 홋카이도에서 이내 전국으로 확산되어간다.

이처럼 기회를 놓치지 않는 세밀한 전략을 실시하기 위해 인쇄회사나 광고대리점도 대규모 기업보다는 오히려 자사가 VIP 고객이 될 수 있는 중소규모의 기업을 선택함으로써 신속하고 탄력적인 대응을 가능케 한다고 한다. 전략을 세울 때는 자신이 싸우기 좋은 환경을 만든다는 켄죠 씨다운 수완이다.

물론 상품을 대량으로 진열하는 것은 하나의 도전이니만큼 리스크 역시 뒤따른다. 하지만 리스크가 무서워 소극적인 대응을 하면 폭발점은 일어나지 않는다. 폭발점은 리스크 바로 건너편에 있다는 사실을 잊어서는 안 된다.

19 :
지역에 따라 세븐일레븐이
아예 없는 이유

　점포를 내는 방법에도 마찬가지로 폭발점의 현상이 보인다. 세븐일레븐은 2013년 3월 1일 카가와 현과 토쿠시마 현에 점포를 내기 전까지는 시코쿠에 한 개의 점포도 없었다. 세븐일레븐은 창업 이래 일정지역 안에 출점을 집중시켜 점포망을 확장해 가는 '도미넌트(고밀도다점포출점) 방식'이라는 출점전략을 지속해왔다.

　특히 세븐일레븐은 일본 내 총점포수가 1만 5831개(2013년 8월 현재)로 한 나라 안의 점포수로는 세계최대의 규모다. 출점해있는 곳은 현재 42개 지역이다. 그 외의 아오모리, 돗토리, 에히메, 코치, 오키나와의 5개 현에는 한 개의 점포도 없을 정도로 도미넌트 전략을 철저하게 수행하고 있다. 경쟁사들이 일찍이 전국전개를 펼치고 있는 것과는 대조적이다.

일정 지역 안에 고밀도로 출점하면 물류와 시스템, 광고와 점포교육 등 다양한 방면에서의 효율향상 효과를 기대할 수 있다. 도시락과 삼각김밥 등의 상품제조 면에서도 공동으로 상품개발을 하는 벤더가 출점지역 근처에 전용공장을 세워도 경영이 유지되기 때문에, 품질을 고려한 독자적인 상품을 만들어 신선도 높게 배송할 수 있다. 세븐일레븐은 전용공장 비율이 90%가 넘어 다른 체인과는 압도적인 차이가 있다.

한편 도미넌트 전략은 출점지역 소비자의 심리적인 부분에 미치는 영향이 크기 때문에 하나의 폭발점을 일으키는 장치가 되고 있다.

어느 한 지역에 출점하면 맨 처음 이용한 고객의 입을 통해 평판이 전염되듯 확산된다. 뒤이어 주변에 몇 개의 점포가 더 출점하면 지역 전체의 세븐일레븐에 대한 인지도가 높아지고 심리적인 거리감이 점차 축소되어 이용률이 급상승하게 된다. 그 때문에 세븐일레븐도 새로운 지역에 출점한 직후에는 한 점포당 하루 매출이 완만하게 올라가다가, 마침내 출점 점포수가 늘고 점포밀도가 일정수준에 이르면 고객의 인지도가 급속히 증가하고 하루 매출의 커브가 급경사를 그리기 시작한다.

1995년 오사카 지역에 진출했을 때도 처음에는 성적이 지지부

진하더니 점포수가 300을 넘어선 순간부터 매출이 급속히 증가하고 관서지역의 편의점업계 중 하루평균매출 1위를 달성할 수 있었다.

이처럼 소매업의 경우, 먼저 진출했다고 유리한 것은 결코 아니다. 고객은 후발체인이라도 점포수준이 높으면 그쪽을 선택한다. 실제로 센다이에서는 편의점 각 체인 중에서 세븐일레븐이 가장 후발주자였지만, 도미넌트 전략으로 출점을 지속한 지금은 압도적인 시장점유율을 자랑한다.

세븐일레븐의 하루평균매출이 선두를 달리는 것은 여러 가지 요인 때문이지만, '밑에서 단단히 받쳐주는 것은 도미넌트 전략'이라 해도 과언이 아닐 정도로, 창업 이래의 철저한 도미넌트 전략이 기여한 바가 매우 크다.

20 :
'연필형 소비'의 시대에는 '기회손실'을 피하자

어떤 상품이 갑자기 잘 팔리기 시작하면 상품을 단번에 시장에 투입하고 광고를 통해 주목도를 높여 폭발점으로 끌어올린다. 겐토샤의 켄죠 씨가 실시하는 것과 같은 섬세한 전략은 소비자를 상대로 상품을 파는 업종이라면 누구에게나 필요하다. 상품의 라이프사이클이 지금은 '연필형'이기 때문이다.

내가 유통업계에 발을 들여놓은 것은 판매자시장의 고도성장기가 한창일 때였다. 당시 상품의 라이프사이클은 상품이 팔리기 시작한 후 서서히 인기가 올라가고 피크가 지속되다 다시 판매량이 서서히 떨어지는 '사다리꼴형' 패턴이었다. 라이프사이클이 길기 때문에 백화점에서 잘 팔리던 상품을 슈퍼마켓이 조금 뒤늦게

들여와 팔아도 잘 팔렸다. 덕분에 어떤 의미에서는 장사하기가 편했다. 백화점에서 무엇이 잘 팔리는지 지켜보면 되었으니까.

그랬던 것이 점점 소비자시장으로 바뀌고 1990년대가 되자 '물통형'으로 바뀌었다. 팔리는가 싶으면 금세 피크에 달하고, 조금 있으면 인기가 뚝 떨어져 안 팔리게 되었다. 최근에는 피크의 기간이 더 짧은 '연필형'으로 바뀌었다. 즉 라이프사이클이 심하게 단축되고 인기상품의 교대가 매우 빨라진 것이다.

그 때문에 다른 데서 얼마나 팔리는가를 보고 발주를 하다가는, 니즈가 최고치일 때는 팔 기회를 놓치고 최고치가 지난 후에야 대량으로 들어온 상품은 고스란히 재고로 남게 된다. 이 같은 기회손실과 폐기손실을 어떻게 해소할 것인가가 지금의 크나큰 과제다.

편의점의 경우는 연필형 라이프사이클이 보다 현저하게 나타난다. 매스컴은 곧잘 편의점이 매장의 상품을 단기간에 교체하기 때문에 상품의 단명화를 초래하고 있는 원흉인 것처럼 다룬다.

만일 매스컴의 판단처럼 편의점이 상품의 라이프사이클 결정권을 가지고 있다면, 그만큼 편한 장사는 또 없을 것이다. 하지만 사실은 그 반대다. 편의점은 연필형화 되어가는 고객니즈의 변화에 보조를 맞춰 판매량이 떨어지고 사양길에 접어든 상품은 서둘러 매장에서 배제하고 새로운 인기상품을 단번에 투입하지 않으면 경영 자체를 유지할 수 없다.

주위를 둘러봐도 인기가 있는 가게는 연필형 소비에 어떻게 대응할 것인가로 항상 고심하고 있다. 예를 들어 20~30대 여성에게 인기가 있는 프랑프랑을 보자. 이를 운영하는 BALS의 사장 타카시마 후미오 씨는 이렇게 말한다.

"상품이 대량으로 팔렸다고 추가로 발주하면, 그 분량이 입하된 시점에 고객의 관심은 이미 다른 상품으로 옮겨가 버립니다. 그럼 새로 발주한 만큼의 대량 폐기손실이 발생하고 말죠. 그렇기 때문에 어느 때가 그 상품의 라이프사이클 중 피크인지 가늠해서 적시에 팔고 빠지도록 하고 있습니다. 또 상품에 따라서는 처음부터 5천 개만 팔기로 하고 추가발주를 아예 하지 않는 경우도 있습니다. 고객은 항상 새로운 것, 독특한 것을 추구하기 때문에 거기에 부응하기 위해서는 어떻게 해야 하는지 고민하지 않으면 안 됩니다."

프랑프랑의 경우 고객의 80%가 단골이다. 그만큼 한 달에 한 번꼴로 가게를 찾는 고객들이 많기 때문에 한 달간 변함이 없는 점포라면 금세 질리고 만다. 그래서 2주 간격으로 상품품목도 바꾸고 매장인테리어도 바꿈으로써 연필형 소비에 대응하고 있다.

왜 사다리꼴 소비에서 물통형, 뒤이어 연필형으로 상품의 라이프사이클이 짧아졌을까? 와세다대학 비즈니스스쿨 교수인 우치다 카즈나리 씨에 따르면, '정보의 전달속도가 빨라지고 소비자의 정보력이 높아졌기' 때문이라고 한다.

한때는 유행에 민감한 사람이 가장 먼저 새로운 상품을 구입하고, 거기에서 시장의 대다수를 점유하는 일반소비자에게로 정보가 서서히 전해졌기 때문에 매출이 최고치에 이르기까지 시간차가 있고 판매자도 시간적 여유가 있었다. 하지만 지금은 순식간에 정보가 보급되어 시간차가 거의 없어졌기 때문에 기존의 마케팅전략으로는 지금의 소비에 부응할 수 없게 되었다.

이때 가설과 검증이 상당히 큰 의미를 갖게 된다. 고객의 잠재적 니즈는 '이것이다!'라고 가설을 세워 개발한 상품이나, 매출이 높아질 조짐이 보여 '이것이 새로운 인기상품이 아닐까?'라는 가설을 세운 상품은 과감하게 시장과 매장에 투입한다. 동시에 매출이 떨어지기 시작한 상품은 주저하지 않고 배제한다. 연필형 소비에는 연필형 마케팅전략으로 대응함으로써 기회손실과 폐기손실을 극소화시켜야 한다.

특히 중요한 것은 기회손실이다. 기회손실을 줄일수록 고객은 원하는 상품을 원하는 순간 원하는 만큼 구입할 수 있고, 판매자도 높은 매출을 올릴 수 있어 서로의 욕구를 채울 수 있다.

21 :
고객은
'확인하고 싶어' 한다

이어서 접객이 고객의 심리에 미치는 영향에 대해 이야기하도록 하자.

"적극적으로 고객에게 다가가는 것이 지금 무엇보다 요구되고 있다."

나는 매년 시무식 때면 그룹의 전 사원을 대상으로 새해인사를 전한다. 아베노믹스로 인해 주가상승과 엔화절하 등 일본경제에 밝은 조짐이 보이기 시작한 2013년 정월, 새해인사에서 나는 '신상품 개발'과 함께 '접객'을 최고과제로 삼겠다는 방침을 전 사원에게 밝혔다.

아베노믹스로 인해 경제전망이 밝아지고 디플레이션에서 벗어날 수 있다는 기대감이 고조되고 있다. 하지만 경기회복이 진행되고 그 결과로 대다수 사람들의 수입이 증가하여 소비가 본격적으로 회복되기까지는 시간이 필요하다. 우리는 그러한 경기회복을 손 놓고 기다릴 수만은 없다.

그런 의미에서 나는 신상품 개발을 통해 '고품질'이라는 새로운 가치를 제공할 것과, 그와 동시에 접객에 전력을 다해 고객에게 상품과 서비스의 가치를 전달하고 '적극적으로 고객에게 다가갈 것'을 강력히 요구한 것이다.

접객에 있어 무엇보다 중요한 것은 '기본'이다. 예컨대 세븐일레븐의 기본4원칙 중에 '친절한 서비스'가 들어있듯이, 마음을 다해 고객을 접대하는 것을 기본 중의 기본으로 삼고 있다. 4원칙 중에서도 고객이 세븐일레븐 점포에 발을 들여놓는 순간 가장 인상적인 것은 점원들의 인사일 것이다.

세븐일레븐에는 '접객 6대 용어'라는 것이 있다. 고객이 점포에 들어서면 '어서 오십시오', 뭔가를 요구해오면 '네, 알겠습니다', 잠시라도 기다리게 할 것 같으면 '잠시만 기다려주십시오', 어쩌다 상품이 없거나 요구에 응할 수 없을 때는 '죄송합니다', 그리고 구매가 끝난 후에는 '감사합니다' '또 오세요' – 이런 기본적인 인사말의 철저한 실천을 매우 중요시하고 있다.

또 세븐일레븐의 경우, 매일 혹은 주 4~5회 매장을 찾는 단골

고객이 총 30%, 주 2~3회 내점객은 29%로 한 고객의 내점빈도가 높은 것이 특징이다. 그런데 이런 단골고객에게까지 접객 6대 용어를 반복적으로 사용한다면 그는 단순한 매뉴얼 점원이 되고 만다. 그래서 자주 찾아오는 고객에게는 시간대에 따라 '좋은 아침입니다' '편안한 밤 보내세요' 등의 인사말로 고객과 점원의 거리감을 좁히고 친근감을 높일 수 있도록 노력하고 있다.

이러한 점원의 접객수준을 한층 더 높이기 위해 2년쯤 전부터 본사가 주최하는 가맹점오너와 점포스태프를 위한 '계산대접객 연수'도 시작했다. 1회 연수는 약 6시간 30분으로 수료자에게는 금색 명찰을 수여한다.

한 점포의 오너는 연수 이후, 자기 가게에서는 그동안 고객을 기다리지 않게 하려고 스피드와 효율에만 너무 집중한 나머지 고객을 접대할 마음의 여유가 희박했다는 사실을 깨달았다고 한다. 그래서 스태프 전원이 고객에게 성의껏 인사할 수 있도록 노력한 결과, 좀처럼 줄지 않았던 고객클레임이 하루가 다르게 줄었다는 것이다. 그동안 판매자는 인사를 한다고 했지만 그것은 형식뿐으로, 고객 입장에서는 그렇게 보이지 않았던 것이다. '적극적으로 고객에게 다가간다'는 의식을 가진 접객이 얼마나 중요한가를 보여주는 에피소드다.

지금의 고객은
'확인하고 싶다'

　인사예절 등 접객의 기본을 철저히 체득한 후 가장 중요한 것은 고객에게 상품과 서비스의 가치를 적극적으로 전달하는 것이다. '커뮤니케이션으로서의 접객'을 최고과제로 정한 것은 고객의 '확인하고 싶어 하는 욕구'에 대응하기 위해서다.

　소비가 포화상태에 이른 현대의 소비자는 무엇을 사면 좋을지 고민한다고들 말한다. 하지만 그것은 판매자 입장에서 보는 관점이고, '고민한다'기보다는 '확인하고 싶다'는 의식이 매우 강해진 것이라고 나는 생각한다. '이건 정말 맛있을까?' '가격은 비싸지만 정말 살 만한 가치가 있을까?' '가격이 싼데 괜찮을까?' 등을 고객은 확인하고 싶어 한다.

　소비과잉의 판매자시장 시대에는 판매자의 형편만 고집하는 일방통행이라도 고객은 물건을 사주었다. 하지만 지금의 고객은 자신의 니즈를 충족시켜주지 않으면 좀처럼 구매행동으로 이행하지 않는다. 그러므로 고객은 판매자가 자신들이 원하는 가치를 이해하고 그 상품이 정말 자기들 니즈를 충족시켜줄지 어떨지를 확인하고 싶어 한다.

　바꿔 말하면 판매자와 소비자가 일방통행의 관계가 아니라 정보와 가치관을 서로 공유할 수 있는지 없는지를 확인하고 싶은 것이다.

'확인하고 싶다'는 심리를 가진 고객에게는 먼저 '확인해볼 만한 가치가 있다'고 어필할 수 있는 새로운 상품과 서비스를 생산해서 제공해야 한다. 그러기 위해서는 고정관념을 깨고 새로운 가치를 창출해 '편의성'과 '고품질'이라는 두 가지 좌표축의 트레이드오프 관계에서 공백지대를 발견해낼 필요가 있음을 제1장에서 언급하였다.

이어서 고객과의 접점인 판매의 제일선에서는 새로운 가치를 전달하기 위해 적극적으로 고객에게 다가가는 접객의 중요성이 새삼 재검토되고 있다.

제1장에 등장한 마케팅플래너 타츠미 나기사 씨는 고객에 대한 '마지막 다지기'라는 표현을 사용했다. 옛날에는 판매자가 가능한 한 많은 종류의 상품을 구비해두고 고객이 맘에 드는 것을 선택하도록 하는 것이 일반적이었다. 슈퍼마켓업계가 성장했던 것은 바로 그런 시대였다.

하지만 생산과잉의 소비자시장이 지속되는 가운데, 자신이 뭘 원하는지 잘 모르지만 그래도 뭔가는 사고 싶은 현대의 소비자는 '선택하는 것에 지쳐버렸다'고 타츠미 씨는 말한다.

그럴 때일수록 판매자는 고객에게 선택을 정당화할 이유를 제공하고 '마지막 다지기'를 하기 위해서 그 어느 때보다 접객에 힘을 쏟아야 한다.

접객에서 중요한 것은
고객과의 '대화'

그렇다면 구체적으로 어떤 접객을 해야 좋을까?

식품의 경우, 이 상품은 구입해도 절대 후회하지 않을 가치가 있다고 확신한다면 고객에게 추천하여 시식을 해보게 하는 것이 최고다. 세븐일레븐 중에서도 접객에 주력하고 있는 점포는 유력한 신상품이 나오면 시식이나 시음을 적극적으로 실시한다. 만일 판매자가 '편의점에서 시식은 하기 어렵다'고 생각한다면 그것은 어디까지나 자기중심적인 생각일 뿐, 고객으로서는 맛을 확인하고 싶을 때 시식을 권유받으면 일종의 서비스를 받는 느낌이 든다.

하지만 스태프가 상사의 명령에 마지못해 샘플을 접시에 담아놓기만 하고, 그것을 발견한 고객 몇몇만이 시식하는 형식으로는 어떤 메시지도 전달할 수 없다. 고객에게 좀 더 적극적으로 접근해, 반드시 먹을 만한 가치가 있음을 고객에게 확인시키고 싶다는 마음으로 100명이고 200명이고 시식을 하게 할 때 비로소 의미가 있다.

시식을 권하는 동안 고객이 '이것 참 맛있다!'는 반응을 보이면 '맛있죠? 이 상품은 이런 이런 점이 특징이랍니다'라고 판매자로 서도 공감하고 가치관을 공유하면, 고객은 그 상품을 선택하게 된다. 시식도 방식에 따라 결과에 큰 차이가 나타난다.

접객이란 고객과의 커뮤니케이션 방법 중 하나다. 가령 커뮤니케이션 방법에도 쌍방향의 커뮤니케이션으로 가치와 정보를 공유하는 '대화' 수준, 발신자 중심의 일방적인 전달을 의미하는 '일방통행' 수준, 발신자도 수신자도 이야기꽃을 피우지만 정말 중요한 것은 아무것도 전달되지 않는 '만담' 수준, 발신자는 보냈다고 생각하는데 수신자는 실상 아무것도 듣지 못한 '독백' 수준이 있다고 한다면, 같은 시식이라도 고객과 '대화'를 할 수 있느냐 없느냐로 효과는 전혀 달라진다.

접객을 통해 새로운 니즈를 발굴할 수도 있다

접객은 쌍방향의 커뮤니케이션이기 때문에, 고객을 인지하고 그들이 무엇을 추구하는지 '고객의 입장에서' 생각함으로써 어쩌면 상대방도 깨닫지 못하고 있는 잠재적 니즈나 근심거리를 발견할 수도 있다.

예컨대 편의점의 경우, 한겨울 먹고 싶다는 표정으로 어묵을 바라보고 있는 고객의 시선을 감지했다면 '어묵 어떠세요? 따뜻하답니다'라거나 '정말 맛있어요!'라며 권해본다. 고객이 고령자라면 포크가 들어있는 파스타 종류라도 '젓가락을 챙겨드릴까요?'라며 나무젓가락을 건네준다. 계산대에서 구매한 상품을 비닐봉지에 넣어줄 때도, 짐이 다소 무거울 것 같으면 상대에 따라서는 '두 군데로 나눠서 포장해드릴까요?'라고 묻고 나눠 넣는다. 담배를 사러오는 단골고객에게는 기호상표를 기억해두었다가 '○○ 피우시죠?'라며 지체 없이 상품을 내밀면, '이 가게는 같은 상표를 매번 말하지 않아도 되니 참 편해!'라며 흐뭇해한다.

세븐일레븐에는 '멀티복사기'라 하여 복사와 FAX 외에도 콘서트나 영화티켓을 구매할 수 있는 장치가 있다. 고객이 '영화티켓을 사고 싶은데 어떻게 하면 되는가?'라고 물으면 함께 터치화면을 보면서 티켓을 출력해 건네준다. 그 고객이 다음에 다시 방문했을 때 '전에 구입하셨던 영화는 잘 보셨어요?'라고 물으면, 거기에서 다시 고객과의 대화가 이어진다.

최근에는 동네의 소형서점들이 줄어들어 편의점이 '동네 서점' 역할을 대신하고 있다. 고객이 《문예춘추》 같은 중장년층을 위한 잡지를 사러 왔는데 공교롭게도 다 팔리고 없었다면, '괜찮으시다면 다음부터는 매월 챙겨두도록 할까요?'라고 제안한다. 편의점의 잡지코너에는 대부분 젊은층을 위한 잡지가 많은데, 먼 서점까지 나가기가 불편한 장년층을 위한 잡지를 특별주문 해두는 새로운 니즈를 발견할 수도 있다. 그것이 계기가 되어 고객이 세븐일레븐의 가치를 알게 된다면 새로운 고객 확보로도 이어지고, 같은 연령층 간의 입소문을 통해 좋게 평판이 날 수도 있다.

'죄송합니다, 다 팔렸습니다'라는 대응도 매뉴얼대로라면 틀린 건 아니지만, 매뉴얼 대응은 고객과의 대화도 없이 단지 그것으로 끝이다. 한 발짝 더 나아가 어떻게 하면 다음으로 연결시킬 수 있을까를 항상 고민하는 것이 '접객'이다.

예를 들어 초등학생 몇 명이 평일 이른 시간에 점포 안으로 들어서면 '어! 오늘은 학교 쉬는 날이니?'라고 물어본다. 무슨 행사가 있는지 '내일도 휴일'이라는 대답이 돌아온다. 그럼 내일도 오늘처럼 초등학생들이 많이 오겠다는 예측을 할 수도 있다. 고객과 대화를 나눔으로써 내일로 연결되는 정보를 얻을 수 있다.

접객의 기본은 커뮤니케이션에 있고, 커뮤니케이션에 적극적일수록 상대방에게서 유익한 정보를 얻어낼 수 있다. 이것이 '대화'로서의 접객이다.

'타인의 눈'을
대변하는 접객

상품이 의류품일 경우, 양복매장에서 옷을 입어본 고객에게는 어떻게 접객을 해야 할까? 판매자가 그 상품의 어디에 특징이 있고 어떤 점이 패션성이 뛰어난지 능란한 언변으로 옷의 가치를 일방통행으로 설명하기만 하면, 고객은 그를 자기 안으로 침범해온 이물질처럼 느낄지도 모른다.

그럴 때 자기 나름의 공감을 상대방에게 제시하고 또 상대방의 공감도 이끌어낼 수 있는 '대화'의 능력이 필요하다. 이때 중요한 것은 옷을 입어봤을 때의 심리를 '고객의 입장에서' 이해하는 것이다. 사람이 멋을 부리는 것은 '자기차별화'를 원하는 자기만족 심리와 '다른 사람에게 잘 보이고 싶다' 즉 '타인의 눈'을 의식하는 '동조심리'라는 모순된 두 가지 측면이 있다.

고객이 옷을 입어보는 것은 어느 정도 마음에 들기 때문으로, 접객하는 판매자는 '타인의 눈'을 대변하는 형태로 '고객님은 이러저러한 특징을 가지고 계시고 이 옷은 이런저런 트렌드라서 고객님께 아주 잘 어울리십니다'라고 자신의 생각을 말한다. 그러면 고객도 아부일지 모른다고 생각하면서도 공감을 얻었다는 사실에 자기 나름의 감상을 이야기하면서 정말 그렇다고 생각하게 된다.

만일 고객이 복수의 선택안을 놓고 고민할 때는 '모두 트렌드이고 패션성도 있지만, 이쪽이 이러저러한 이유로 더 잘 어울리시네요'라고 어드바이스를 제공하면, 고객도 자기가 이해받았다는 사실에 공감하면서 '그럼 이걸로 살까?'라고 마음을 굳힐지도 모른다. 그리고 나중에 주변사람들로부터 '옷이 잘 어울린다'는 칭찬이라도 들으면 '거기는 참 좋은 가게!'라는 인상을 받게 된다.

참고로, 옷을 입어보는 행위에도 손실회피의 심리가 작용한다고 한다. 일단 한번 입어보고 살까 말까 망설일 때에도 사지 않았을 때의 손실을 더 크게 느낀다. 그때 판매자가 고객에게 공감을 표하고 살 만한 가치가 있음을 제시해주면 고객도 결심을 다질 수 있다는 것이다.

접객에 필요한 것은 대응 매뉴얼을 넘어선 '대화'의 능력이다. 인간은 생각하는 동물이고, 심리로 움직이는 동물이다. 자기 생각에 누군가 공감해주는 것이 무엇보다 기쁘고 반갑다. 상대방의 심리를 읽으면서 자기 생각을 상대방에게 제시하여 공감을 이끌어내는 것, 그것이 성공으로 이어지는 커뮤니케이션 능력의 기본이자 '확인하고 싶다'고 생각하는 고객에 대한 접객의 원점이다.

22 :
현대의 소비자는
선택하는 것에 지쳐버렸다

　현대의 소비자는 '선택하는 것에 지쳐버렸다'고 앞서 등장한 타츠미 씨는 말한다. 그렇다면 왜 고객은 좁은 매장 안에 2천8백 품목이나 되는 상품이 진열된 세븐일레븐에 들어와서도 선택하는데 지치지 않을까? 선택에 지치지 않는 건 말할 것도 없고, 높은 하루매출이 보여 주듯이 세븐일레븐은 상품이 선택하기 쉽게 구비되어 있고 진열되어 있다. 그것은 수많은 상품이 진열된 것처럼 보이지만 사실 상품의 엄선이 철저하게 이루어져 있기 때문이다.

　제한된 매장공간 안에서 도시락이나 삼각김밥 등 주력상품에 대해서는 가설을 세워 잘 팔릴 상품을 엄선하고, 각각의 상품별로 공간을 최대한 할애해 볼륨감 있게 진열하는 것은 앞에서 서술한 대로다. 원래 인기상품이 될 상품도 종류를 엄선해서 10개 이상 진열해두면 10개 이상 팔릴 것이, 재고가 3개 있다고 해서 3개만 놔두면 고객의 눈길조차 받지 못하고 안 팔리게 된다.

가령 소프트음료를 넣는 냉장쇼케이스도 한 가지 아이템씩 일렬로 진열하면 150개 아이템 정도가 들어간다고 하자. 안이 깊어서 한 줄에 여러 개가 들어가기 때문에 고객이 보기에 많은 아이템을 늘어놓는 것이 선택의 폭이 넓어 좋을 것처럼 생각하지만, 사실은 90개 아이템 정도만 엄선해서 인기아이템은 여러 공간을 할애해 진열하는 편이 전체 매출을 올리는 데 유리하다.

잡지코너도 진열할 잡지를 엄선하고 그중 한 잡지에 두세 곳을 내어주면 잡지 전체의 매출이 상승한다.

이토요카도에서도 의류의 브랜드나 종류를 대폭 축소한 결과 매출이 올랐다.

상품을 엄선하면
고객의 선택이 쉬워진다

세븐일레븐의 경우, 2009년 가을부터 '가깝고 편리한'이라는 새로운 콘셉트를 내걸고 상품구비의 대폭적인 개선을 실시하였다는 사실은 앞에서 서술한 바 있다. 그때 1인가구나 고령자세대의 증가와 여성의 취업률 증가를 배경으로, 멀리 슈퍼마켓까지 가지 않아도 가까운 편의점에서 쇼핑을 충족할 수 있도록 상품을 엄선하여 반찬류 상품에 주력했다. 특히 세븐프리미엄 시리즈 중 소량패키지의 포테이토샐러드나 고기감자조림, 고등어된장조림, 톳무침 등 식사준비의 수고와 번거로움을 해결해줄 상품들을 순차적으로 투입했다.

명확한 콘셉트를 정해두고 제공하는 상품을 압축한다. 혹은 인기상품의 가설을 세워 상품종류를 엄선한다. 왜 엄선된 상품 앞에서 고객의 선택은 쉬워지는가?

엄선은 달리 말하면 고객에게 '추천'하는 것과 같다. 점포라는 플랫폼에 판매자로서 추천하는 상품을 진열해둔다. 반찬메뉴에 포커스를 집중시킨 것도 가까운 편의점에서 식사준비를 할 수 있다는 생활의 편리함을 '새로운 제안'으로 추천하기 위해서다. 그러므로 고객 입장에서는 제공받은 상품이 엄격하게 선정되고 정리될수록 가치를 느끼기 쉽다.

소비가 왕성했던 시대에는 가게에 상품을 내놓으면 고객이 필요한 것을 골라 사갔다. 하지만 생산과잉으로 소비가 포화상태인 지금 시대에는 가게가 고객니즈에 맞춰 추천할 가치를 엄선하여 제공하지 않으면 안 된다.

엄선된 전시로 가치를 특화한
아사히야마동물원

　제1장과 제2장에서 폐원위기를 극복하고 기적적인 변혁을 실현한 아사히야마동물원을 소개했다. 아사히야마동물원에서도 변혁과정을 거치며 동물 종류의 엄선이 이루어졌다. 다음은 전 동물원원장이었던 코스게 마사오 씨에게서 들은 이야기다.

　예전부터 동물원은 뭐니 뭐니 해도 다채로운 종류의 동물을 사육하는 것이 평가기준이었기 때문에, 1967년에 개원한 짧은 역사의 아사히야마동물원도 기존의 방식에 따라 오픈하였다고 한다. 전에는 160종 800마리 정도의 동물들이 있었다. 그러나 폐원위기에 닥치자 다시 한 번 동물원의 운영방식을 검토했고, '생명을 전할 수 있는 동물원'이라는 콘셉트를 새로운 기본자세로 내걸고 개혁에 착수했다. 종래대로 아무리 많은 종류의 동물을 사육하더라도, 그저 철창에 가둬두기만 해서는 방문객들에게 저마다의 특징이나 차이를 전달할 수 없다. 그래서 종류를 엄선하고 개체 수를 줄여서라도 무리 지어 생활하는 동물, 단독으로 생활하는 동물 등 저마다의 특징을 오롯이 알 수 있는 전시법, 즉 행동전시로 방법을 바꾼 것이다.

　소매업과 동물원, 전혀 다른 세계이긴 하지만 결국 고객을 상대하는 일인 만큼 공통되는 부분이 있다는 걸 새삼 느꼈다.

상품을 엄선하기 위해 고객에게 제공할 가치의 콘셉트를 명확히 정한다거나, 고객이 원하는 상품의 가설을 세운다는 것은 단순히 물건을 파는 것이 아니다. '상품을 통해 어떤 메시지를 전달할 것인가?' 즉, 고객이 공감할 수 있는 의미를 찾아내는 것이다.

다시 말하지만, 우리가 상품을 제공할 때 잊어서는 안 될 것, 그것은 고객에게 선택할 이유를 제시할 수 있느냐 없느냐이다. 그것은 '고객의 입장에서' 생각해야만 알 수 있다. 종류를 많이 갖다놓아야 고객이 좋아할 거라고 생각하는 것은, 콘셉트를 세울 수도 없을 뿐 아니라 가설도 세우지 못하는 판매자의 자기중심적인 착각에 지나지 않는다.

23 :
인터넷시대의 새로운
구매스타일이란?

마지막으로 본격적인 인터넷시대가 도래한 가운데 고객에게 어떻게 접근해야 좋을까에 대해 이야기해보자.

이토요카도와 같은 종합슈퍼마켓(General Merchandize Store)은 한때 식품과 의류품 그리고 가전제품 등 모든 종류의 상품을 구비해두고 적당한 가격으로 제공하는 데 가치를 두었었다. 지금은 전문점이나 양판점이 여기저기 생겨나고 있어 종합슈퍼마켓 업체들이 하나둘 경영파탄에 이르렀고, 경영을 유지하고 있는 이온과 이토요카도 같은 대규모기업도 실적이 침체기에 빠져있다.

백화점도 다채로운 상품을 취급하는 업태인데, 업계의 매출은 정점일 때인 1991년의 9조 7천억 엔에서 2012년에는 6조 1천억 엔으로 63%까지 축소되었다. 어느 백화점이나 같은 거래업자가 같은 상품을 가져와 진열하고, 매장은 단순한 장소대여점에 지나지 않는다. 차별성이 없고 전과 같은 가치가 더는 사라지고 없다.

그에 반해 지난 10년 동안 큰 성장을 보여준 것이 온라인통신판매다. 최근 5년만 보더라도 2008년에는 시장규모가 6조 1천억 엔이었던 것이, 2012년에는 9조 5천억 엔으로 백화점을 능가하고 있다.

본격적인 인터넷시대가 도래한 가운데 분명히 말할 수 있는 것은 '온라인을 제패한 자가 오프라인도 제패한다'는 것이다. 온라인과 오프라인, 양쪽의 움직임을 보면 그것은 이미 현실로 드러난다.

지금의 소비자는 몸에 착용하는 의류조차도 아무 망설임 없이 온라인상에서 구입한다. 그런가 하면 인터넷을 통해 맘에 든 상품정보를 발견하면, 매장을 찾아가 자기 눈으로 직접 확인하고 구입하는 움직임도 활발해졌다. 매장을 소유한 유통업계에서는 인터넷상에서 소비자에게 정보를 제공하고, 매장에서의 구입을 촉구하는 방책을 적극적으로 시행하여 내점객을 늘리려는 움직임도 왕성해졌다. 이것을 온라인에서 오프라인으로 고객을 유도한다는 의미에서 'O2O(Online to Offline)'라고 부른다. 고객이 매장에서 상품을 보고 구입을 검토한 후 가격이 더 저렴한 온라인에서 구입하는 '쇼루밍(Showrooming)'과는 반대되는 개념이다.

온라인과 오프라인을 연결하는 방법으로는 그 외에도 여러 가지가 있다. 아직 세상에 알려지지 않은 우수한 상품을 발굴하여 인터넷상에서 실험적으로 판매한 후, 반응이 좋은 상품만을 엄선하여 매장에서 판매할 수도 있다.

인터넷상에서는 고객이 가만히 앉아서 상품을 고르고 구입할 수 있기 때문에 매장에서보다 상품에 대한 반응이 빠르다. 인터넷상에서 어떤 상품이 잘 팔리는가에 대한 정보를 관찰하면, 매장에서 그 상품을 보다 폭넓은 고객에게 제공할 수 있게 된다.

또 인터넷상에서 고객이 제공하는 정보를 토대로 하여 탄생한 참신한 신상품을 매장에서 새롭게 판매하는 경우도 생각해볼 수 있다.

인터넷에서 판매가 증가하면 그만큼 매장에서는 판매가 감소한다고 생각하기 쉽다. 하지만 현실의 동향은 반드시 그렇지만도 않다. 인터넷에서 전략적인 마케팅을 충실하게 실행하고, 그 성과를 매장으로 확대해간다는 발상이 나날이 중요해지고 있다. 옴니(OMNI)채널이라 하여, 소매업자나 제조업자가 온라인과 오프라인의 모든 채널을 연계해서 고객에게 접근하는 방식이 주목받고 있는 것만 봐도 알 수 있다.

그것이 지향하는 것은 온라인과 오프라인을 융합한 새로운 소매업으로, 온라인과 오프라인 쌍방의 채널이 있을 때 비로소 가능해진다. 이때 고객·판매자·미디어 관련 사업자 등등 다양한 당사자들을 연결할 수 있는 기반이 되는 것은 틀림없이 오프라인이 아닌 온라인일 것이다. 그러므로 온라인을 제패한 자가 오프라인 유통도 제패할 수 있게 된다는 말이다.

온라인과 오프라인이 함께 달리면
단번에 인기의 폭발점에 도달한다

온라인과 오프라인의 융합은 다양한 세계에서 찾아볼 수 있다. 나는 연예계에 대해 잘은 모르지만, 아키모토 야스시 씨와 대담을 했을 때 인터넷 활용에 대한 그의 생각을 들을 수 있었다. 지금은 국민적 아이돌로 자리를 굳힌 AKB48도 '온라인과 오프라인'이라는 쌍두마차에 의해 널리 알려졌다는 사실을 알았다.

AKB48은 아키하바라의 극장에서 활동을 개시했다. 옛날 같으면 입소문을 타고 알려지기까지 상당한 시간이 걸렸겠지만, 지금은 특별한 이슈만 있으면 인터넷을 타고 순식간에 널리 알려지고, 그것이 또 극장의 관객 수로 이어진다. AKB48은 온라인과 오프라인을 오가면서 소문이 확산되었다고 한다. 그런 면에서 볼 때

AKB48도 온라인과 오프라인의 융합이 낳은 아이돌이라 할 수 있다.

지금도 아키모토 씨가 총감독하고 있는 AKB48의 멤버가 출연하는 방송은 지상파가 아니라 인터넷 광케이블 대상의 영상배급 서비스를 통해 방송한다고 한다. 참고로 세븐&아이홀딩스에서 인터넷통판을 담당하는 세븐네트쇼핑 웹사이트에서는 'AKB48 오피셜숍'이 인기사이트로 주목을 받고 있다.

인터넷활용에 관심이 깊은 아키모토 씨가 온라인쇼핑몰과 오프라인매장을 모두 가지고 있는 우리 그룹의 강점으로 주목했던 것이 '에호마키'의 전국적 보급이었다. 에호마키는 절분(節分)* 때 그 해의 운이 좋은 방향을 바라보며 말없이 통째로 베어 먹으면 행운이 찾아든다고 믿는 두껍게 만 김초밥이다. 원래 관서지방의 관습으로 관동지방 등 다른 지방에는 없었는데, 지금은 전국 방방곡곡에서 절분이 되면 으레 먹는 김초밥으로 정착하였다.

그 시작은 1980년대 말 히로시마 현의 세븐일레븐에서 에호마키의 풍습을 들은 OFC(점포경영상담원)의 발안으로 일부 점포에서 발매한 것이 발단이었다. 이듬해부터 판매지역이 확대되었고 1995년에는 관서이서 지역으로, 1998년 이후에는 전국의 세븐일

---

* 입춘·입하·입추·입동의 전날을 절분이라고 한다. 절분은 원래 계절의 최종일을 뜻하였는데, 근래에는 단순히 겨울의 마지막 날 저녁, 즉 입춘의 전날 밤을 가리킨다.

레븐에서 '운이 좋아지는 풍습'이라고 소개하며 에호마키를 판매하게 되었다. 그때 전국적인 확산의 원동력이 되었던 것이 인터넷이었다. 아키모토 씨는 이렇게 말한다.

"에호마키를 먹는 그 유쾌한 방법을 재미있다고 느낀 한 고객이 인터넷을 통해 알게 되었고, 순식간에 전국적인 화제가 되었습니다. 그런 무서운 힘이 인터넷에는 있어요. 인터넷상에서는 앞으로 더 재미있는 일들이 펼쳐질 겁니다. 잘만 이용하면 지금까지 없었던 새로운 일들이 벌어질 게 분명합니다."

인터넷과 전국 편의점체인이 융합하여 일부 지역의 음식문화가 단기간에 전국적인 연례행사로 정착된 것에 흥미를 느낀 것 같았다. 온라인과 오프라인의 쌍두마차가 나란히 달리면 단번에 인기의 폭발점에 도달한다. 관서지방의 관습이었던 에호마키와 아키하바라의 작은 극장에서 활동을 개시했던 AKB48은 그야말로 인터넷의 힘을 실감하게 한다.

인터넷시대의 새로운 구매스타일이란?

본격적인 인터넷시대가 도래하고 옴니채널화가 진행되는 가운데 앞으로 소비자는 어떤 구매 행동을 하게 될까? 세상이 아무리 바뀌어도 소비 자체는 사라지지 않는다. 다만 새로운 구매스타일이 생겨날 것은 확실하다.

매장에서의 쇼핑일 경우, 직접 들고 갈 수 있는 양에는 한계가 있으므로 사고 싶은 것이 이것저것 많아도 일정량 이상은 살 수가 없다. 그럴 때 온라인과 오프라인이 융합되어 있다면, 그러한 물리적 제약에 얽매이지 않고 얼마든지 쇼핑을 즐길 수 있지 않을까? 인터넷이 처음 등장했을 때는 온라인과 오프라인이 어딘지 모르게 대립축을 이룬다고 보았지만, 쇼핑을 하는 것은 결국 같은 사람이므로 둘의 융합은 자연스러운 결과였다. 한 가지 예로 인터넷슈퍼를 들 수 있다.

이토요카도에서는 인터넷에서 주문을 받아 기존점포에서 고객의 집까지 상품을 배달하는 택배서비스를 2001년부터 개시하고, 실시 점포와 대상 지역을 차츰 확대해왔다. 당초 적자가 지속되자 '인터넷슈퍼가 흑자로 돌아설 리는 없다'는 부정론도 제법 많았었다. 그래도 수요는 반드시 증가할 거라 믿고 서비스에 충실을 기하도록 애썼다. 그것은 고객의 심리를 읽었기 때문이다.

인터넷에서 주문했을 때 상품을 직접 선택하는 것은 각 점포의 매장 담당자이다. 만일 상품이 고객의 기대에 부응하지 못하면 고객은 두 번 다시 이용하지 않을 것이다. 담당자는 프로로서 자신감을 가지고 추천할 수 있는 상품을 선택한다. 지금까지 매장에서의 상품선택은 고객의 몫이었다. 그랬던 것이 인터넷슈퍼에서 주문하면 상품에 대해 잘 알고 있는 매장의 프로가 대신해 상품을 결정해주고 택배로 배달해주기 때문에 쇼핑시간을 절약할 수 있다. '그럼 이용해볼까?'라고 생각하는 것이 인간의 심리다. 인터넷슈퍼를 이용해봤는데 기대 이상의 상품이 배달되었다면 그 가게에 대한 이미지도 좋아지고 고객충성도도 높아지는 선순환이 발생한다.

그러한 노력은 차츰 결실을 맺기 시작했다. 그리고 인터넷슈퍼에 진출한 타사들이 좀처럼 이익을 내지 못하고 있는 가운데, 이토요카도에서는 실시 점포 전체에서 완전흑자를 달성했다. 인터넷슈퍼는 온라인과 오프라인이 융합한 결과 고객에게는 엄선된 상품과 시간의 여유를 동시에 확보할 수 있다는 일종의 혁신이 실현되었고, 판매자 입장에서는 매장이 갖는 강점을 보다 선명하게 보여줄 수 있는 사례라 할 수 있다.

바야흐로 매장 중심에서 인터넷 중심으로 유통의 근본적 구조가 변화하려 하고 있다. 이 변화에 대응하기 위해서는 에너지를 매장에서 인터넷으로 크게 전환하지 않으면 안 된다. 그것은 오프라인 세계에서 오래도록 일해 온 사람들에게는 결코 쉬운 일이 아닐 것이다. 그렇다고 포기하고 주저앉을 수만은 없는 일이다.

인터넷슈퍼의 성공사례처럼 크나큰 전환일수록 꾸준한 노력의 축적이 무엇보다 중요하다.

시대의 전환기에는 먼저 지향할 방향을 정하고, 일단 새로운 일에 착수했다면 노력에 노력을 더할 일이다. 그러면 가열된 물이 끓는점에 도달하는 것처럼 어느 시점이 되면 반드시 폭발점에 도달하고 급기야 벽을 무너뜨릴 수 있게 된다.

온라인과 오프라인이 융합하는 가운데, 소비자는 앞으로도 선택과 소비를 정당화할 수 있는 쪽으로 행동할 것이다. 온라인과 오프라인의 융합세계에서 얼마나 고객의 심리를 이해하는 기획과 아이디어를 생각해낼 것인가? 판매자로서 해야 할 일은 인터넷 사회에서도 기본적으로는 변하지 않는다는 사실을 기억해야 한다.

제4장

기회는
어떤 사람에게
오는가?

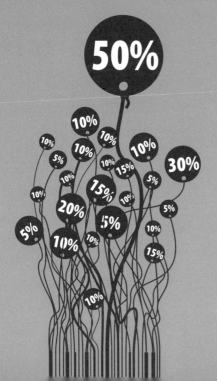

24 :
'전해지지 않는 것'은
'존재하지 않는 것'과 같다

'전해지지 않는 것은 존재하지 않는 것과 같다'는 말은 아트디 렉터인 사토 카시와 씨가 자주 사용하는 말이다.

이제 세븐일레븐이 당대 최고의 아트디렉터인 사토 씨에게 디 자인의 총제작을 부탁하게 된 경위에 대해 간단히 이야기하도록 하자. '파는 힘'을 이야기할 때, 디자인의 힘과 디자인을 통한 커뮤 니케이션의 중요성은 피해갈 수 없는 테마이기 때문이다.

사토 씨를 처음 만난 것은 2009년 가을 《사계보》에서 대담을 하게 되었을 때였다. 나는 전부터 새로운 상품을 만드는 것 못지 않게 새로운 가치를 어떻게 고객에게 전달할 것인가 하는 커뮤니 케이션도 소매업에 있어 매우 중요하다고 생각하고 있었다. 그런데 우리 그룹의 커뮤니케이션 방식을 보면, 전체적인 통일감이 없고 단발적으로 끝나버리기 때문에 좀처럼 브랜드의 가치가 전해지지 않고 브랜드의 이미지 역시 확립하지 못하고 있었다.

평소의 문제의식을 이야기하자 사토 씨도 동의하며, 자신의 고객인 한 패션전문점이 해외로 진출했을 때의 이야기를 들려주었다.

사토 씨는 단순히 해외에 점포를 오픈하는 것만이 아니라 '사실감 넘치는 최신의 도쿄문화를 전달하는 미디어가 된다' '우리가 일본을 대표한다'는 콘셉트를 내걸고, 상품, 광고전략, 패키지와 진열방법은 말할 것도 없고 점내의 안내표시, 영수증, 행거나 바닥재질, 휴지통에 이르기까지, 본인이 직접 모든 디자인을 체크했다고 한다. 그만큼의 통일감을 추구했을 때 비로소 가게에 들어섰을 때 한눈에 어떤 가게인지 이해할 수 있게 된다는 것이었다.

디자인은 눈에 보이는 것이기 때문에 커뮤니케이션이 빠르고 영향력 또한 대단히 크다. 그 이야기를 들었을 때 나는 사토 씨의 뛰어난 감각에 공감할 수 있었다. 또 '이 사람이라면 새로운 아이디어를 제공받을 수 있으리라' 확신하고 세븐일레븐을 진화시키기 위한 힘을 빌리고 싶다며 디자인의 총제작을 부탁했다.

당시 세븐일레븐은 삼각김밥이나 도시락 같은 오리지널상품과 PB상품인 세븐프리미엄, 세븐골드 상품의 브랜드로고 및 패키지디자인이 제각각이었다. 로고는 어떤 것은 세븐&아이홀딩스의,

어떤 것은 세븐일레븐의, 또 어떤 것은 세븐프리미엄의 것을 사용하는 식으로 혼재되어 있었다.

그래서 상품을 전면 리뉴얼하고 동시에 사토 씨의 힘을 빌려 이들 디자인을 통일시키기로 했다. 그렇게 함으로써 매장 전체에서의 브랜드가치를 재구축하고 고객에게 재인식시키자는 브랜딩 프로젝트를 2010년 2월부터 1년에 걸쳐 추진하였다.

그 과정에서 세븐일레븐이 그동안 얼마나 고객에게 가치를 전달하지 못하고 있었는지 사토 씨를 통해 통감하게 되었다. 어느 날 세븐일레븐의 도시락을 시식한 사토 씨의 입에서 뜻밖의 말이 튀어나온 것이다.

"그런데 이 도시락은 어느 요리점에서 만들고 있습니까?"

세븐일레븐에서는 도시락제조업자와 팀을 짜서 공동으로 상품을 개발하고, 꾸준히 품질의 개선을 거듭해오고 있었다. 국물을 우려내기 위한 가츠오부시도 전문업자가 '편의점에서 이 정도까지 하다니!?'라고 놀랐을 정도로 제조법에 완벽을 기했다. 그런데 편의점에 지대한 관심을 가지고 있다는 사토 씨에게마저도 그 가치가 제대로 전달되지 않고 있었던 것이다.

지금까지는 제각각의 상품에 대해 '개별적인' 도시락으로만 생각했을 뿐 '세븐일레븐의 도시락'이라는 인식은 없었다. 아니, 다들 자기 나름대로는 있다고 믿었다. 하지만 도시락에는 로고도

안 찍혀있을뿐더러 패키지도 모두 제각각으로, 결국 브랜드가치
를 전혀 전달하지 못하고 있었다.

철학을 디자인하다

세븐일레븐 디자인의 총제작을 부탁했을 때, 내가 사토 씨의
말 중 가장 공감했던 것은 다음 말이었다.

"브랜드디자인은 그 브랜드만의 철학이 없으면 할 수 없습니
다."

브랜딩이란 브랜드의 존재의의나 본질적인 가치를 정리하여 명
확한 커뮤니케이션으로 전달하는 것이다. 고객 역시 개개의 상품
은 달라도 로고나 디자인이 통일되어 있으면 배후에 존재하는 판
매자의 메시지를 감지할 수 있다. 하지만 아무리 전달방식이 훌
륭하더라도 기본적인 철학이 불분명하면 본질적인 것은 전해지
지 않는다.

그러므로 '밑바탕에 흐르는 철학'이 중요하다. 자신들의 철학이
분명하게 서 있기만 하면 표면적인 전달방식을 넘어 고객과의 커
뮤니케이션을 성사시킬 수 있다. 사토 씨의 말은 커뮤니케이션의
본질을 정확히 꿰뚫고 있었다.

그 철학이란 내가 지금까지 '변하지 않는 관점'이라고 불러온 것과 같은 의미다.

이 같은 생각은 프랑프랑을 운영하는 BALS의 사장 타카시마 후미오 씨도 가지고 있었다. BALS에서는 'Value by Design(디자인으로 가치를 창조한다)'이라는 이념을 내걸고 있다. 타카시마 씨에 따르면 '여기서 말하는 디자인이란 단순히 상품의 형태만이 아니라, 서비스나 고객과의 커뮤니케이션 등 모든 것을 포함하는 회사의 핵심'이라는 것이다. 프랑프랑의 인기비결을 짐작할 수 있는 대목이다.

고객에게 우리는
어떤 존재여야 하는가?

세븐일레븐도 창업 이래 철학이라 할 만한 확고한 신념을 가지고 경영에 임해왔다. 브랜딩 프로젝트가 시작된 후, 나는 사토 씨와 단둘이 여러 차례 만나 그 신념에 대해 자세히 이야기했다. 그뿐만 아니라 로고나 디자인으로 구현하기 위해 이사카 류이치 사장을 비롯한 현장부서도 함께 참여한 미팅을 1년간 서른 번 넘게 가졌다. 사토 씨도 그 정도로 미팅을 많이 하는 클라이언트는 처음인 모양이었다.

실제로 새로운 디자인의 보도발표(2011년 5월) 현장에서 사토 씨는 1년간에 걸친 브랜딩 프로젝트에 대해 '세븐일레븐의 확고한 신념을 브랜드마크로 표현하는 프로세스였다'고 회상했다.

세븐일레븐의 확고한 신념이란 고객이 바라는 '당연한 모습'을 항상 추구하는 것이다. 고객에게 '당연한' 것이 설령 우리에게 불합리하다 하더라도 '당연히' 실천한다. 그러기 위해 판매자 입장에서 '고객을 위해' 생각할 것이 아니라 '고객의 입장에서' 생각한다. 고객에게 있어 '당연한 것'은 늘 바뀌기 때문에, '진정한 경쟁상대는 동업 타사가 아니라 변화하는 고객의 니즈다'라고 생각하고 끊임없이 변화에 대응한다. 내가 평소에 하는 말은 모두 그러한 신념을 표현한 것들이다.

2000년대 중반 편의점업계 전체의 실적이 제자리걸음을 하자, 매스컴은 말할 것도 없고 동업 타사의 경영진들도 입을 모아 '시장포화' 운운했던 이야기는 앞에서 서술한 바 있다. 그에 대해 우리는 '변화에 대응한다면 시장포화는 있을 수 없다'고 일관되게 반론했었다.

그런 가운데 우리가 추구한 것은 '앞으로 세븐일레븐은 고객에게 어떤 존재여야 하는가?'라는 과제였다. 세븐일레븐은 처음부터 '열려있어 다행이야!!'라는 카피처럼, 가까운 곳에 있으면서 항상 열려있다는 시공간의 편리성을 제공하여 젊은층을 중심으로 강한 지지를 얻어왔다.

개업 이래 30년 이상이 경과했고, 그 사이 저출산 및 고령화가 급격히 진행되면서 한 가구당 구성원이 점차 감소했다. 여성의 취업률도 해마다 급증했다. 일본의 생활환경과 시장의 변화를 파악하고, 이제 우리가 어떤 고객에게 어떤 상품과 서비스를 제공해야 하는지 재점검해야 한다. 거기서 우리가 만들어가야 할 모습으로 제시된 것이 '지금 시대에 추구되는 가깝고 편리한'이라는 콘셉트였던 것이다.

그 콘셉트는 앞으로 나아갈 길을 보여주는 비전이라 할 수 있을 것이다. 수많은 기업과 함께 일한 경험이 있는 사토 씨에게 성장할 기업과 그렇지 못한 기업의 차이에 대해 물어본 적이 있다. 그의 대답은 다음과 같았다.

"가장 큰 차이는 비전이 확실한가 아닌가라고 생각합니다. 성장할 회사는 저희에게 의뢰하기 전에 이미 자신들이 어떤 일을 하고 싶은지, 즉 명확한 비전을 가지고 있습니다. 다만 그것을 어떤 형태로 외부와 커뮤니케이션할 것인가를 상담하기 위해 오는 경우가 많은 것 같습니다."

우리는 1년 동안의 브랜딩 프로젝트를 거쳐 2011년 5월부터 오리지널상품 및 PB상품의 전면 리뉴얼과 병행하여 새로운 로고와

패키지를 전개하기 시작했다.

　고객에게 우리는 어떤 존재여야 하는가를 재검토하는 일에서 부터 시작된 개혁은, 디자인이라는 엄청난 힘을 빌려 결실을 맺었 다. 2011년도의 전체 매출상승률은 6.7%로 전년도의 2.2%를 훨 씬 웃돌았고, 점포당 하루평균매출도 전년도보다 4만 엔이 증가 한 약 67만 엔으로, 개혁의 성과는 실적의 큰 상승으로 나타났다.

　제4장에서는 이 책을 정리한다는 의미에서, 고객이 바라는 '당 연한 모습'에 근접하기 위한 하루하루의 노력이 얼마나 중요한가 에 대해 말하고자 한다.

25 :
변기커버가 없는
인테리어 전문점

회사의 핵심이나 이념을 중요하게 생각하는 BALS의 타카시마 씨와의 대담에서 아주 인상적인 이야기를 들었다. 프랑프랑은 인테리어나 잡화전문점임에도 불구하고 변기커버는 절대 취급하지 않는다는 것이다. 다음은 타카시마 씨가 말해준 그 이유다.

"우리 가게는 생활에 없어서는 안 될 필수품을 파는 곳이 아니기 때문에, 가는 것만으로 가슴이 두근두근 설레고 신난다고 느낄 수 있는 가게를 만들지 않으면 안 됩니다. 그러기 위해 '즐겁고 꿈이 있는 물건을 판다'는 우리가 정한 기준을 지키고, 생활감이 너무 강한 상품은 팔지 않기로 정했습니다. 예를 들어 변기커버 같은 것은 매장에 진열해두면 반드시 팔릴 거라는 걸 알지만 절대 팔지 않아요. 고객이 우리 가게에서 추구하지 않는 상품으로 설령 매출을 올린다고 해도 의미가 없다고 생각하니까요."

그리고 마지막으로 이렇게 덧붙였다.

"눈앞의 100만 엔 매출을 위해 장래의 1억 엔을 잃는 일이 있어서는 안 된다, 그 점만은 고집스럽게 지켜오고 있습니다."

눈앞의 100만 엔을 위해 장래의 1억 엔을 잃어서는 안 된다. 프랑프랑이 변기커버를 취급하지 않는다는 이야기는 아주 인상적이었다.

인간은 얻을 수 있는 장기적인 이익이 아무리 크더라도 실감할 수 있기까지 시간이 걸리는 경우, 눈앞의 단기적인 이익을 더 크게 느끼는 경향이 있다.

예컨대 우리는 건강한 몸을 유지하기 위해 운동을 한다. 하지만 운동은 오래 지속해야 효과를 보고 실감할 수 있다. 그런 만큼 운동은 하루 했다고 금방 효과가 나타나지 않고 실감도 할 수 없다. 오히려 운동을 하면 에너지는 소진되고 피곤하다. 안 하는 편이 훨씬 편하다. 운동을 함으로써 얻어지는 장기적인 이익이 아무리 크더라도, 그 가치를 느끼는 데 걸리는 시간 때문에 편하다는 눈앞의 이익이 더 크게 느껴진다.

세븐일레븐에서 실시하는 품목관리 역시 운동과 마찬가지로, 편의점이 건강한 경영을 유지하기 위해서는 불가피하다. 매장으로 물건을 사러오는 고객이 가장 실망하는 것은 사려고 했던 물건이 다 팔리고 없을 때이다. 그런 일이 없도록 하기 위해 하루하루 품목관리를 철저히 하여 경영의 근육을 단련한다. 고객이 사고자 하는 상품이 원하는 순간 원하는 만큼 유지되는 상태를 만들기 위한 끊임없는 노력이 있을 때, 비로소 브랜드 파워는 올라가고 장기적인 이익을 얻을 수 있게 된다.

품목관리를 했다고 해서 당장에 경영의 근육이 생기는 것은 아니다. 꾸준한 운동이 어려운 것처럼 품목별로 가설과 검증을 실현하는 지속적인 관리 역시 간단한 일은 결코 아니다. 그렇기 때문에 자칫하면 폐기손실이라는 눈에 보이는 손실에 미혹되어, 그것을 회피하고 단기적인 이익을 확보하려는 방향으로 흘러가버릴 위험이 크다. 하지만 안이한 방향으로 흐르는 것은, 운동하면 에너지만 소비하고 피곤하니 안 하는 편이 차라리 낫다며 아예 꼼짝 말자고 생각하는 것과 같은 이치다.

경영의 근육을 단련해가면 전에는 도달하지 못했던 수준까지 도달할 수 있게 되고, 다음에는 한층 더 높은 수준을 향해 나아가자는 의욕이 솟는다. 그것이 운동의 효과이고 건강한 경영이다. 이 건강함은 고객에게 반드시 전해진다. 대조적으로 경영의 근육이 그다지 단련되어 있지 않은 가게는 그것이 가게의 분위기에 그대로 나타난다.

물론 품목관리를 아무리 철저히 한다 해도 기회손실을 100% 없애고 폐기손실도 100% 없애는 완벽한 판매방식은 현실적으로 불가능할 것이다. 매장을 찾은 고객이 실망하는 일이 없도록 상품을 구비하고자 하면 결과적으로 다소의 폐기는 나오기 마련이다.

그것은 가정에서도 마찬가지다. 가령 4인 가족이 먹을 식사준비를 할 때, 매번 딱 맞게 양을 조절할 수는 없을 것이다. 부모 입장에서는 자식에게 충분히 먹이고 싶은 마음에 넉넉히 준비할 것이 분명하다.

편의점의 경우도 고객이 진심으로 만족하길 바란다면 넉넉히 상품을 준비하는 건 당연한 일이다. 그것이 고객이 바라는 '당연한 모습'이다. 그 대신 반복적인 가설과 검증을 통해 품목관리를 철저히 함으로써 폐기를 최소화하고 발주의 정확도를 높여가야 한다. 그러한 노력을 게을리하면 경영의 근육은 퇴화할 뿐이다.

26 :
같은 상품을 팔아도
한곳에서만 사는 이유

변기커버를 취급하지 않는 프랑프랑처럼 눈앞의 이익보다 장기적인 브랜드이미지를 중요시하면 결과적으로 고객과의 사이에 어떤 관계성을 성립시킬 수 있을까?

예컨대 세븐일레븐은 일본에서 코카콜라 판매량 1위의 소매점이다. 맥주 슈퍼드라이도 마찬가지. 코카콜라나 슈퍼드라이는 어디서 사든 상품은 같다. 그렇다고 가격을 할인하는 것도 아닌데 왜 고객은 세븐일레븐에서 사는 것일까?

지난 일이긴 하지만 창업 30년을 맞이하던 2004년 봄부터 세븐일레븐이 텔레비전을 통해 일정 기간 흘려보냈던 조금 색다른 기업이미지광고 시리즈가 있었다.

〈목적-기분〉 편은 이런 내용이었다. 여성점원이 가게 앞을 청소하고 있는데 한 남성고객이 찾아온다. 잠깐 멈춰 서더니 "뭘 사러 왔더라……?"라고 묻는다. "기분…… 아니세요?"라고 점원이 대답한다. 남성고객은 "고마워요"라고 인사를 하고 그대로 돌아간다. 마지막으로 한 줄의 카피가 화면에 떠오르며 시청자에게도 질문을 던진다. "당신에게 세븐이란?"

〈777〉 편은 계산대에서의 장면이다. "합계 777엔입니다"라는 점원의 말을 듣고 "럭키!!"라며 남성고객이 기뻐한다. 그 순간 "축하합니다!"라고 점원이 대답한다. 그리고 잠시 여운을 둔 뒤 화면에 "당신에게 세븐이란?"이라는 카피가 떠오른다.

〈세 번째 별〉 편은 동화 같은 이야기다. 한 커플고객의 남성이 점내에서 유리창 너머로 밤하늘의 별을 가리키며 "오른쪽에서 세 번째 별을 그녀에게 선물하고 싶은데요……"라고 '주문'한다. "배달에 시간이 좀 걸리는데, 괜찮으시겠습니까?"라고 점원이 묻자, 커플은 서로의 얼굴을 바라보더니 "괜찮아요!"라고 여성고객이 대답한다. "당신에게 세븐이란?"

편의점을 이용하는 고객은 하루하루 가지각색의 기분과 마음을 가지고 저마다의 생활을 영위하고 있다. "당신에게 세븐이란?"이라는 질문을 받았을 때, 자신의 일상 속으로 세븐일레븐이 극히 일부라도 어느새 들어와 있음을 시청자도 문득 깨닫는다.

218

같은 상품을 팔고 있는데 왜 고객은 세븐일레븐에서 사는 것일까? 대답은 이 광고 안에 있다.

창업 이래 우리는 일관되게 고객이 바라는 '당연한 모습'을 추구해왔다. 창업 30년을 기점으로 기업이미지광고를 만들자고 생각했던 것은, 반대로 고객 한 사람 한 사람에게 '나에게 세븐일레븐이란 무엇일까?'라고 바로 곁에 존재하는 세븐일레븐과의 관계성을 저마다 다시 한 번 상기해보기를 바랐기 때문이다.

그때 마음에 떠오르는 생각이 가게에 대한 고객충성도다. 코카콜라의 판매량이 일본 1위인 것도 이 고객충성도에 의한 것이다.

어차피 살 거면 항상 다니는 세븐일레븐에서 사자. 그 가게가 편해서 나도 모르게 그곳을 찾게 된다. 그것이 고객충성도. 점심시간이 되면 딱히 그러자고 의식한 것도 아닌데 세븐일레븐으로 자연히 걸음이 옮겨지고, 매장에서 신상품 도시락을 보면 '먹어볼까?' '분명 맛있을 거야!'라고 직감하며 손을 뻗게 되는 것, 특별히 살 것도 없는데 세븐일레븐 앞을 지나면 나도 모르게 가게 문으로 들어서고 마는……, 그것이 바로 고객충성도다.

세븐일레븐에서 실천하는 모든 활동, 모든 노력은 고객의 충성도를 높이기 위해 존재한다. 그 결과 다른 체인을 크게 웃도는 매출과 이익이 나는 것이다. 점포에서는 오너나 아르바이트 혹은 파트타임의 스태프들이, 본사에서는 사원들이 세븐일레븐에서 일

할 수 있어 행복하다고 생각하고, 거래처는 세븐일레븐과 거래할
수 있어 행운이라고 생각한다. 기업이미지광고는 우리 자신에게
도 그 원점을 다시 한 번 확인하게 하는 기회가 되었다.

변함없는 고객만족을 위해서는
매일 변화해야 한다

고객충성도를 높이기 위해서는 항상 고객의 입장에 서서 고객
의 심리를 파악하는 매장을 만들도록 노력해야 한다. 질 높은 상
품을 개발하고, 가설을 세워 점포에 고객이 추구하는 인기상품을
대량으로 구비하고, 진열과 호객 그리고 시식 등 팔기 위한 방안
을 궁리한다. 상품의 신선도와 접객 및 서비스, 점포의 청결 등등
고객충성도를 높이기란 쉽지 않고 이들 중 하나라도 빠져서는 성
취할 수 없다.

그런데 그보다 더 어려운 것은 한 번 얻은 고객충성도를 유지
하는 것이다. 왜냐하면 고객은 기대의 정도를 시시각각 증폭시켜
가기 때문이다.

고객은 항상 100점 만점을 추구한다. 그리고 판매자가 그것을
웃도는 120점의 상품을 내놓았을 때 충분히 만족한다. 하지만 고

객의 욕망은 늘 증폭되기 때문에 다음에 추구하는 100점 만점의 수준은 그 전에 판매자가 내놓은 120점 수준으로 올라간다. 그러므로 다음에는 판매자가 140점의 상품을 제공해야 고객은 만족하게 되는 것이다.

고객은 기대한 이상의 가치를 느꼈을 때 비로소 만족한다. 그 기대의 정도는 일정하지 않고 항상 증폭되므로, 음식의 경우 처음에는 '맛있다'였던 수준이 다음에는 '보통'이 되고 그다음에는 '질린다'로 바뀐다.

그래서 무더운 여름이면 날개 돋친 듯 잘 팔리는 중화냉면이나 메밀국수 등 편의점의 스테디셀러 상품도, 사실은 매년 질을 높이고 맛을 미묘하게 바꿔가며 수준을 올리고 있다. 세븐프리미엄도 현재 1천7백 품목에 달하는데, 정기적으로 리뉴얼을 실시하고 있다. 가령 카레의 리뉴얼에서는 업계 최고의 식품회사와 연계하여 샘플제작을 일곱 번이나 거듭한 후, 샘플을 고객평가단에게 발송하여 실제로 만들어 먹어보게 하였다. 그런 다음 개량을 위한 테스트를 다시 다섯 번 반복했다. 그렇게 발매된 리뉴얼상품은 매출을 1.5배 끌어올렸다. 그런가 하면 다음 리뉴얼 때는 공동개발 제조업자를 바꿔보기도 한다.

대기업의 식품제조업체에서도 스테디셀러 상품에 대해서는 항상 맛을 조금씩 바꿈으로써 오래도록 고객의 지지를 얻는 예를 많이 찾아볼 수 있다.

성장이 눈부신 기업에서는 항상 자신들의 수준을 올리려고 노력한다. 가령 아오야마플라워마켓을 운영하는 파크코퍼레이션의 사장 이노우에 히데아키 씨는 그것을 '엘리베이션(elevation)'이라고 부른다며 다음과 같은 이야기를 들려주었다.

"고객이 아무리 좋아한 성공사례였다고 해도 그것과 같은 것을 두 번 내놓으면 고객은 결코 처음만큼 좋아해 주지 않습니다. 그러므로 방법을 바꾸고 상품을 바꿔서 고객의 기대를 웃도는 서비스를 계속적으로 제공하는 것이 중요합니다. 그리고 끊임없는 도전이 없으면 성장은 이루어지지 않습니다. 저는 '엘리베이션'이라는 말을 좋아하는데, 나 자신을 높이기 위해 살고 내가 높아졌을 때 비로소 세상에도 여러 가지 공헌을 할 수 있다고 생각합니다."

역내의 상업공간으로 인기가 높은 에큐트도 보통의 상업시설과 달리 고객이 매일 아침저녁으로 반드시 통과하는 장소에 있는 만큼, 아무 변화가 없다면 금방 질리고 만다. 그것을 발안한 카마다 유미코 씨에 따르면, 지나가는 고객이 뒤돌아보게 하기 위해 상설매장에서의 상품개발뿐 아니라 점내의 자유공간을 이용한 기획판매 등의 아이디어를 짜내어, 2주 혹은 한 달 단위로 이벤트를 전개하는 등 항상 매장에 변화를 도모한다고 한다. 말하자면 일상적인 작은 리뉴얼인 셈이다.

맛을 바꾸거나 리뉴얼하거나 서비스의 수준을 높였다는 사실을 고객은 알아채지 못할지도 모르고, 또 바뀌었다는 것을 반드시 알 필요도 없다. 언제 먹어도 '맛있고' 언제 이용해도 '기분 좋다'고 느끼면 그만이다. 즉 판매자가 끊임없이 변함으로써 고객은 변함없이 만족한다. 바꿔 말하면, 고객이 '변함없이 맛있다'고 느끼게 하기 위해 판매자는 끊임없이 변해야 한다는 것이다.

변화는 리스크를 동반하지만, 지금 시대에는 변화하지 않는 것이 더 큰 리스크를 동반한다.

고객에게 끊임없는 '플러스 원'을 제공할 수 있는가?

변화를 도모할 때 우리가 유념해야 할 것은 항상 뭔가를 '플러스 원(부가)' 해야 한다는 것이다. 음식의 경우라면 좀 더 맛있고 좀 더 신선해야 하고, 각종 서비스라면 사용할 때의 편리성을 좀 더 높여야 한다. 오늘 고객이 느끼는 만족은 내일이면 당연한 것이 된다. 내일의 만족을 위해서는 항상 플러스 원 되어야 한다. 플러스 원의 축적이 고객의 변함없는 만족을 부른다.

세븐일레븐의 발자취는 그 반복이었다. 고객이 맨 처음 세븐일레븐에 추구한 것은 집 가까이에 있으면서 항상 열려있는 편리성이었다. 그랬던 것이 공과금 등을 납부할 수 있는 편리성으로 확대되었고, 나중에는 ATM 설치로 인해 언제든 돈을 입출금할 수 있는 금융기관으로서의 편리성으로 확대되었다.

'가깝고 편리한'이라는 콘셉트를 내건 뒤부터는 편리성의 폭이 한층 더 크게 확대되었다. 각 점포에서 매진하고 있는 방문판매나 택배서비스는 저출산 및 고령화 사회에서, 특히 고령층의 고객이 내점하지 않고 서비스를 누릴 수 있는 편리성이다. 최근에는 점내에서 프라이기로 직접 튀긴 크로켓이나 튀김 종류의 매출이 호조를 띠고 있는데, 40~50대 주부층이 저녁때 일괄적으로 사가는 경향을 볼 수 있다. 그것은 가족들의 저녁준비에 드는 시간을 절약할 수 있는 편리성으로 확대되었음을 의미한다.

세븐일레븐 점포에서 상품을 받아갈 수 있는 인터넷판매의 경우, 와인을 3천 종류까지 보유해 통상 4일이면 받아볼 수 있다. 이만큼의 재고를 보유한 와인전문점이 또 있을까? 그것은 이른바 인터넷판매를 '가상의 와인저장고'로 이용할 수 있는 편리성이다.

2009년 가을부터는 수도권 점포에 설치한 멀티복사기로 당일여행이나 체험이벤트 여행상품 등의 판매를 개시하였다. 이것은 이른바 '여행의 ATM'이다. 그뿐만 아니라 2010년 2월부터는 멀티복사기로 인감증명서 등을 발급받을 수 있는 서비스를 개시했다.

이것은 '각종 증명서의 ATM'이라 할 수 있다. 요즘 사회문제가 되고 있는 자전거사고 증가에 대응하기 위해 고액배상이 지원되는 자전거보험 신청도 멀티복사기로 할 수 있게 되었다. '보험의 ATM'이다. 출장지역의 지도를 멀티복사기로 출력할 수 있는 '지도의 ATM'도 있다.

이들 서비스는 모두 원래는 가게 밖에 존재하던 것을 가게 안으로 도입하여 플러스함으로써, 고객에게 '편의점은 변함없이 편리하다'는 생각을 갖게 하는 데 성공한 사례들이다.

잠재적인 수요는 항상 가게 밖에 있다. 고객은 이어서 어떤 편리성을 추구할 것인가? 제공할 가치의 범위를 확대하는 노력을 게을리하는 순간, 고객의 충성도는 멀어지게 된다.

27 :
'성공의 복수'라는 함정

　판매자는 항상 변화해야 한다고 말하면, '정말 그렇다'라고 맞장구치며 자기는 나름대로 항상 변화하고 있다고 자신한다. 아닌게 아니라 누구 못지않게 성실하게 일한다. 하지만 현실을 직시하면 과거경험에 얽매인 채 시장의 요구나 고객의 기대 변화에는 전혀 대응하지 못하고 있다. 결과적으로 성과를 올리지 못하고 자기 자신도 그 이유를 모른다. 그런 사람들을 곧잘 발견하곤 한다.

　사람은 성공체험을 통해 많은 것을 배운다. 물론 고난을 극복했다는 자신감은 매우 중요하다. 그런데 문제는 성공의 결과와 그것을 있게 했던 방법이 하나의 세트로 각인되고 만다. 그래서 다음에도 같은 방법을 고집하려고 한다. 과거의 성공체험에서 벗어나지 못하는 사람은 좀처럼 고객과 시장의 변화에 대응할 수 없다. 무엇보다 큰 문제는 판매자 본인이 그러한 사실을 깨닫지 못한다는 것이다.

제2장에 등장한 와세다대학 비즈니스스쿨의 교수인 우치다 카즈나리 씨는, 과거의 성공체험에 젖어있어 변화에 직면했을 때 그 성공체험에 발목이 잡혀버리는 것을 '성공의 복수'라고 부른다. 그리고 사람의 관념이 얼마나 뿌리 깊고 질긴 것인지를 설명하며 조엘 아서 바커의 《패러다임을 전환하면 미래가 보인다》라는 책에 나오는 다이버의 사례를 소개하였다.

다이버가 다이빙을 했을 때 수심 50미터 정도 깊이에 버드와이저 캔이 하나 있었는데, 빨간 로고마크가 눈에 띄어서 금방 알아볼 수 있었다는 이야기다. 사실 그 정도 수심이면 빛의 굴절관계로 빨간색은 보이지 않았을 것이다. 하지만 다이버의 머릿속에 '버드와이저의 로고＝빨간색'이라는 관념이 박혀있기 때문에, 보일 리 없는 빨간색이 보인 것이다. 보다 정확히 말하면 사실은 진한 회색으로 보였을 것이 회색으로 안 보이고 빨간색으로 보인 것이다. 그 정도로 사람의 관념은 강하다. 그 때문에 과거의 관념으로 시장을 바라보면 현실의 참모습은 보지 못하고, 보고 싶은 쪽으로 왜곡해서 볼 가능성이 높다는 이야기였다.

이 '해저의 버드와이저 캔' 이야기를 고객과 시장의 변화에 빗대어 보면, 과거경험에 얽매인 사람의 모습이 한눈에 보인다. 변화에 대응하지 못하는 사람은 변화를 안 보려고 하는 것이 아니라, 보고자 해도 보이지 않는 것이다. 과거경험이 만들어낸 필터가 항상 눈에 덧씌워져 있어, 그 필터를 통과하는 순간 시장의 변화는 사라지고 만다. 그러니 죽을힘을 다해도 빗나가는 것은 당연지사다.

예컨대 일본인을 상대로 일본어로 달변을 토로한다면 다들 귀 기울여 들을 것이다. 하지만 중국인을 상대로 일본어로 아무리 열변을 토한다 한들 이야기가 통할 리 없다. 그럴 때는 다른 방법을 고민하지 않으면 안 된다. 지금의 시장은 그만큼 극적으로 변하고 있다. 그런데 필터가 덧씌워진 사람은 상대가 중국인으로 바뀌었다는 사실조차 깨닫지 못하고 그때까지와 마찬가지로 일본어로 떠들어댄다. 그래놓고도 고객의 반응이 시큰둥하면 재미를 몰라보는 고객이라고 상대를 탓하기 시작한다. 고객은 두 번 다시 그를 찾지 않을 것이다. 이것이 우치다 씨가 말하는 '성공의 복수'이다.

그런가 하면 가을에서 겨울로 넘어가는 환절기에 아침 기온이 갑자기 5, 6도씩 떨어질 때가 있다. 그 정도의 급격한 날씨변화에는 한 겹 정도 옷을 더 껴입지 않으면 갑작스러운 추위로 혼이 날 것이 뻔하다. 그런데 감각에 필터가 덧씌워져 있으면 신경은 거기까지 미치지 못하고, 메리야스를 반팔의 티셔츠로 갈아입는 정도로 제 딴에는 완벽한 대응을 했다고 믿어 의심치 않는다.

하지만 지금은 바야흐로 조금씩 변하는 것은 변하지 않은 것이나 마찬가지인 시대다.

한 발짝 앞의 '미래'에서 '과거'를 돌아보다

'성공의 복수'라는 함정에 빠지지 않기 위해서는 어떻게 해야 할까? 과거경험에 얽매이면 사고나 감각에 필터가 씌워지고 만다. 그렇게 되면 발상 방법을 역전시키는 수밖에 없다. 한 발짝 앞에 펼쳐질 '미래의 가능성'이나 '당연한 모습'을 그려보고, 거기에서 과거와 현재를 돌이켜보고 검토한다. 그 단계를 거쳐 지금 해야 할 일을 하는 것이다.

가령 2007년 5월 세븐프리미엄을 발매하기 시작한 직후 내가 세븐골드 개발을 제안하자 대부분의 개발멤버들 반응은 부정적이었다. 세븐프리미엄은 저가형의 기존 PB와는 달리 질을 추구한 결과 NB상품 이상의 품질을 유지하면서 가격은 보다 저렴하게 제공하는 것을 실현하여 '고품질'과 '편의성'을 양립시킴으로써 히트상품이 되었다.

내가 발안한 고급 버전은 레스토랑이나 전문점 수준 이상의 품질을 적절한 가격으로 제공한다는 콘셉트로, 가격은 제법 높은 편이었다. 이에 대해 '가격이 비싸지면 팔리지 않는 것 아니냐?'는 것이 반대의 이유였다.

기존의 PB상품 개념을 타파한 개발멤버조차도 세븐프리미엄의 성공체험에 얽매여 자기도 모르게 'PB상품＝NB상품보다 싼 가격으로 살 수 있는 상품'이라는 고정관념이 생겼고, 어느새 사고에 필터가 씌워지고 말았던 것이다.

하지만 나는 별개의 발상을 하고 있었다. 세븐프리미엄에서 질을 추구했던 것은, 아무리 불황이라도 가격의 저렴함보다 질의 고품격을 추구하는 고객이 증가하고 있었기 때문이다. 그런 측면에서 보면, 보다 질이 높은 새로운 것을 제공하면 고객은 반드시 구매할 것이다. PB상품의 '미래의 가능성'을 그려보고, 거기에서 지금의 PB상품을 돌이켜보고 검토하여 앞으로 나아가야 할 방향으로 나아가자는 발상이었다. 사내의 반대를 무릅쓰고 개발에 착수한 세븐골드는 전문점까지도 능가하는 맛으로 호평을 얻어 지금은 세븐프리미엄과 나란히 선두주자로 성장하였다.

마찬가지로 '더 맛있는 식빵을 만들자'는 생각으로 한발 앞선 미래의 '당연한 모습'을 상정하고, 거기에서 지금까지의 식빵 만들기를 검토하고 '플러스 원' 해서 만들어낸 황금식빵이 대히트했던 사실은 앞에서 서술한 대로다.

과거경험의 연장선상에서 생각하면 '지금까지 이러했으니까 앞으로도 이렇게 하면 될 것이다'라는 적극성이 결여된 열정 없는 의식에 젖어들기 쉽다. 하지만 미래의 시점으로 발상을 하면 '이렇게 하고 싶다'거나 '이렇게 되어야 한다'는 생각이 전면에 표출되기 때문에, 의식은 주체적이고 열정적으로 변화한다.

나는 오래도록 사업의 최전선에 있었던 사람으로서, 비즈니스에 관여하는 모든 사람들에게 항상 한 발짝 앞선 '미래의 가능성'과 미래의 '당연한 모습'에 주목하라고 강조한다. 그것이 한 사람 한 사람의 업무의 결실로 반드시 이어진다고 믿어 의심치 않기 때문이다.

28 :
기회를 위해 준비하는
'세 장의 카드'

누구도 생각해내지 못할 아이디어를 떠올리기 위해서는 어떻게 정보를 수집해야 할까?

세븐골드도 황금식빵도 내가 발안한 것이다. 캐시백 캠페인이나 보상판매도 내가 낸 안건을 실행한 것들이다. 도시락, 삼각김밥, 면류, 어묵 등등 지금이야 편의점에 있는 것이 너무나 당연해진 상품을 주변의 반대를 무릅쓰고 발안했을 때도 그렇다.

나는 곧잘 어떻게 그런 생각을 하게 되었느냐는 질문을 받는데, 딱히 의식적으로 정보를 수집하려고 한 것은 아니다. 이렇다할 것 없이 정보가 머릿속 어딘가의 낚싯바늘에 걸려있을 뿐이다.

자동차 안에서 라디오를 켜놓거나 텔레비전을 보거나 할 때 인상에 남았던 정보들이 무의식 속에 걸려있다. 사내에서 이런저런 이야기를 할 때도 이러저러한 일이 있었다는 정보가 들려오는 가운데 '이거다!' 싶은 정보는 저절로 낚싯바늘에 걸린다.

누구라도 자신의 관심사나 취미에 관한 정보는 무의식중에 받아들이고 있다. 어디에서 어떤 일이 벌어지고 있는지, 다른 사람이 관심을 보이지 않는 정보도 들어온다. 반대로 나의 경우는 연예계 이야기에 관심이 별로 없기 때문에 들어도 별로 신경 쓰이지 않는다. 그러나 관심이 있는 일에 관한 이야기는 자연히 낚싯바늘에 걸려든다.

히트제조기라 할 수 있는 겐토샤의 켄죠 토오루 씨도 비슷한 이야기를 했다. 가수인 고 히로미 씨의 저서로 100만 부가 넘는 밀리언셀러가 된 《대디》라는 책이 세상에 태어나게 된 계기에 관한 이야기다. 켄죠 씨는 고 씨와 10년 전부터 이미 알고 지내는 사이였지만 책을 낼 만한 테마를 좀처럼 찾지 못했고, 또 고 씨가 몇 가지 테마를 제시했지만 결정적인 것은 못되었다고 한다.

그러던 어느 날 함께 골프를 치는데, 고 씨가 '이혼요구를 받아 많이 괴롭다'는 이야기를 했다. 그때 켄죠 씨는 '이거다!'라고 직감하고 '글을 씀으로써 고통에서 벗어날 수 있을지도 모른다'고 제안했다. 사흘 후 이혼에 이르기까지의 경위를 쓰겠다고 약속하였고, 그 후 고 씨는 책을 쓰는 동안 서서히 이혼을 받아들이게 되었다고 한다.

골프를 칠 때 그냥 지나치듯 한 이야기가 출판의 계기가 되었다는 이야기를, 켄죠 씨는 트럼프게임에 비유해서 '단 한 번 찾아온 결정적인 카드의 기회를 내 것으로 만들었다'고 말했다. 단 한 번의 기회를 자신의 것으로 만들 수 있었던 것은 평소 켄죠 씨의 머릿속에 관심의 낚싯바늘이 준비되어 있었기 때문이다. 거기에 고 씨의 이야기가 딱 걸려든 것이다.

한편 작가로부터 '결정적인 콘텐츠'를 이끌어내기 위해 켄죠 씨는 편집자로서 항상 세 장의 카드를 준비해두고 있다가 기회가 찾아왔을 때 그 카드를 즉시 꺼내 든다고 한다. 예를 들어 켄죠 씨가 독립해서 겐토샤를 세웠을 때, 전부터 알고 지냈던 이시하라 신타로 씨가 일부러 누추한 사무실로 찾아와 '내가 혹시 도울 일이 있으면 무엇이든 하겠다'며 격려의 인사를 해주었다고 한다. 켄죠 씨는 한순간의 망설임도 없이 '이시하라 신타로 씨의 생애를 그린 사소설을 써달라'며 세 장의 카드 중 한 장을 꺼냈다. 이시하라 씨는 그때까지 다수의 소설을 썼지만 사소설은 한 편도 쓰지 않았었다. 그런 상황에서 '이시하라 유지로라는 남동생의 이야기를 씀으로써 이시하라 신타로라는 작가의 새로운 면모를 보여달라'고 부탁한 것이다. 그것은 밀리언셀러 《동생(弟)》이라는 소설로 결실을 맺었다. 두 번째 카드는 또 다른 기회에 '늙음'을 테마로 한 집필을 의뢰하여, 그 역시 《늙어서야 비로소 인생》이라는 밀리언셀러가 되었다. 세 번째 카드는 아직 실현되지 않았다고 한다.

켄죠 씨는 작가와 마주할 때 테마를 정한 낚싯바늘 세 개를 미리 준비해둠으로써 다른 사람이 놓치기 쉬운 결정적인 기회를 내 것으로 낚아챈다.

아키모토 야스시 씨도 마찬가지다. '새로운 기획은 회의실에 모여 머리를 맞댄다고 나오는 것이 아니라, 동료와 식사를 할 때의 잡담이나 회의 중에 나누는 사소한 대화, 일상생활 속에서 재미있다고 느꼈던 것에서 나온다' '기발한 아이디어의 계기는 정말 사소한 것이 많다'고 아키모토 씨는 말한다. 항상 관심의 낚싯바늘을 머릿속에 몇 개씩 준비해두고 있기 때문에 '이거다!' 싶은 대어를 낚을 수 있는 것이다.

BALS의 타카시마 씨도 가끔 업무에서 벗어나 뉴욕, 런던, 파리 등의 거리정보를 직접 보고 느낀다는 이야기를 제2장에서 소개했었다. 그 정보도 딱히 상품에 대한 것이 아니라 사회의 흐름과 패션의 트렌드를 느끼기 위한 것이다. 타카시마 씨도 보통의 생활자로서의 시점을 가지고 외국의 거리를 걸으면 머릿속 낚싯바늘에 '이거다!' 싶은 정보가 낚이고, 바로 거기에서 고객이 다음에는 어떤 새로운 것을 추구할 것인가에 대한 '가설'을 이끌어낸다.

우리는 판매자로서 하루하루 최선을 다해 고객의 니즈를 발굴하지 않으면 안 된다. 그러기 위해 정보가 범람하는 현대사회에서 자칫하면 '최첨단의 정보를 캐내야 한다'거나 '정보의 흐름에 뒤처지면 안 된다'는 압박을 느끼기 쉽다. 그 결과 오히려 정보에 휘둘리기도 하고 정말 필요한 정보는 얻지 못하기도 한다. 혹은 평소 수많은 정보를 접하면서도 과거경험이나 상식에 얽매인 고정관념과 잘못된 신념 때문에 정말 중요한 정보를 놓치기도 한다.

중요한 것은 자신과 관련이 있는 모든 것에 항상 관심을 가지고 낚싯바늘을 얼마나 준비해둘 수 있는가, 그리고 그 바늘 끝을 얼마나 날카롭게 갈아둘 것인가이다.

그러기 위해서는 머릿속에 항상 '내일의 고객은 무엇을 추구할 것인가?'라는 문제의식을 염두에 두어야 한다. 그리고 '뭔가 새로운 것이 없을까?'라는 도전의욕을 갖는 것이 무엇보다 필요하다. 그것이 낚싯바늘이 된다. 문제의식도 도전의욕도 없으면 아무리 정보가 넘쳐나더라도 어떤 것도 낚을 수 없고 진정한 정보 또한 얻지 못한다.

29 :
'당연한 것'이 쌓이면 비범해진다

최근 5년 동안 대담을 해온 분들의 이야기를 이 책 곳곳에서 소개했다. 모두 제일선에서 활약하며 저마다 크나큰 성과를 내고 있는 각 분야 최고의 전문가들이다. 그렇다면 그들은 어떻게 해서 성과를 이끌어냈는가? 인상적이었던 것은 다른 사람은 생각해낼 수 없는 기발한 뭔가를 했다기보다는 하나같이 꾸준한 노력을, 그것도 다른 사람 몇 배의 노력을 거듭해오고 있었다는 것이다.

겐토샤의 켄죠 씨는 독립하기 전에 대기업 출판사에 근무하고 있었는데, 그 출판사의 브랜드력을 내세워 작가에게 작품을 의뢰한다는 손쉬운 방법을 제쳐두고 오히려 그 출판사에서는 책을 내지 않는 작가에게 원고를 부탁하는, 주변에서 '무리이다' '불가능하다' '무모하다'라고 생각하는 일에 도전하는 것에서 자신의 존재가치를 느꼈다고 한다. 그는 어떻게 그것을 가능케 했는가? 켄죠 씨의 방법은 그야말로 간단한 것이었다.

"그 작가의 작품을 모두 읽고, 진심이 전해질 수 있는 편지를 꾸준히 써 보내면서 상대방이 '이 사람과는 함께 일해도 좋다'고 생각할 때까지 철저하게 노력했습니다. 예컨대 이츠키 히로유키 씨는 스물다섯 통째 편지를 보냈을 때 비로소 나를 만나주었는데, 그때는 이미 우리 둘 사이에 신뢰관계가 생겨있었습니다."

의중에 둔 작가의 신뢰를 얻기 위해 작품을 모두 읽고 편지를 쓴다. '당연한 일'을 당연히 실행하고 있었다는 걸 알 수 있다.

이 책에 가끔 등장하고 있는 사토 카시와 씨도 마찬가지다. 아트디렉터라고 하면 뭔가 새로운 이미지를 자기 안에서 창조하여, 그것을 클라이언트 기업이나 상품에 반영시킬 거라는 생각이 보편적이다. 하지만 세븐일레븐의 브랜딩 프로젝트에서 지켜본 그의 일하는 방식은 실로 성실함 그 자체였다.

먼저 우리 클라이언트의 이야기를 시종 귀담아듣는다. 그 이야기 속에서 클라이언트가 가지고 있는 본질적인 것을 끌어내고 읽어낸다. 그것을 토대로 자신의 생각을 정확히 정리한다. 그것을 클라이언트에게 알기 쉽게 전달한다. '당연한 것'을 당연하게 실행한다. 그것을 위해 프로젝트를 시작한 단계에서 통일된 디자인이 탄생하기까지 1년이라는 시간이 걸렸다. 사토 씨는 이렇게 말한다.

"'당연한 것'이란 '존재해야 할 모습' 이른바 이상형입니다. '당연한 것'을 할 수 있다는 것은 레벨이 대단히 높다는 것을 의미합니다."

켄죠 씨와 사토 씨의 공통점은 누구에게 있어 '당연한 것'인지를 항상 생각한다는 것, '당연한 모습'의 축이 흔들리지 않는다는 것, 그리고 '당연한 것'을 당연하면서도 철저하게 실행한다는 것이다. 그들은 자기 입장에서의 '당연한 것'이 아니라 상대방에게 '당연한 것'을 우직하다 할 정도로 성실하게 해나간다.

'당연한 것'을 철저히 실행하고 그것을 축적해가면, 어느 순간 폭발점에 도달하게 되고 비범해진다. 비범해짐으로써 크나큰 성과를 얻게 된다. 그 전형이 세븐일레븐이다.

찹쌀주먹밥을 만들기 위해 전국각지의 세븐일레븐 전용공장에 찰밥만을 위한 찜 설비를 새롭게 설치한 것도, 갓 구운 빵을 제공하기 위해 점포 근처에 전용 빵공장을 설립한 것도, 그러한 일들이 고객이 볼 때 '당연한 것'이고 '당연한 모습'이었기 때문이다.

창업 초기, 제빵제조업자에게 설 연휴에도 빵을 만들어달라고 요구한 적이 있었다. 연휴에도 영업을 하는 이상, 신선한 빵을 제공하고 싶은 것은 편의점으로서는 당연한 것이었다. 하지만 제빵제조사 사장은 '연휴에까지 일을 시킬 수 없다' '사원에게 설과 추석연휴를 주는 것은 경영자의 책임이다'라며 강하게 반발했었다. 담당자가 매일같이 찾아가 교대근무제로 사원의 휴가와 공장가동을 양립시킬 수 없겠는가라고 설득에 설득을 거듭했지만, 교섭은 난항을 면치 못했다. 노조위원장에게도 부탁해보았지만 해결되지 않았다.

그러나 담당자는 다시 제조사를 찾았고, '맛있는 빵을 고객에게 매일 제공하고 싶다'는 '당연한 생각'을 끊임없이 전달했다. 끈질긴 요청이 마침내 받아들여지고 1호점 개업 다다음해인 1976년 정월부터 연휴에도 가게에 신선한 빵을 진열할 수 있게 되었다.

세븐은행을 설립했을 때도, 각 은행과 ATM을 공동운영하는 회사를 만드는 방안도 있었고 그편이 훨씬 용이했다. 하지만 공동운영방식으로는 ATM을 설치한 점포가 은행의 지점 혹은 영업소가 되기 때문에, 사실 설치 관련의 문제를 우리가 자체적으로 결정할 수 없게 된다. 반대로 자사은행이라면 모든 것을 자체적으로 통제할 수 있다. 어느 쪽이 더 고객의 편의성을 높이고, 고객의 눈에 '당연한 방법'이며 '당연한 모습'으로 비칠까? 주위에서 아무리 '불가능' '비상식' '실패'를 운운하더라도 우리가 나아갈 길은 분명했다.

동일본대지진 때도 지원물자를 피해지로 보내면서 '원조'와 함께 최우선으로 힘썼던 것은 현지의 기능을 하루라도 빨리 '복구'하는 것이었다. 세븐일레븐에서 발매하는 도시락과 삼각김밥 등 일용품은 특히 긴급할 때 많은 사람에게 없어서는 안 될 상품이다. 일용품을 제조하는 판매처 공장도 대부분이 피해를 입었다.

그래서 지진의 영향을 직접적으로 받지 않은 니가타 등 중부지방의 공장에서 제조한 상품의 일부를 동북지방의 피해지로 돌리고, 니가타 등 중부지방에는 나가노나 야마나시 지역에서 보충하는 연쇄방식으로 상품공급을 확보하였다. 동시에 피해지의 배송센터를 차례로 재가동시켰다. 지진발생으로부터 2주 후인 3월 26일부터는 종래대로 삼각김밥이나 도시락류의 하루 세 번 배송이라는 통상체제를 재개할 수 있게 되었다. 그것이 현지 고객의 입장에서 볼 때 '당연한 것'이며 '당연한 모습'이었기 때문이다. 다른 편의점 체인과는 비교할 수 없을 만큼 빠른 복구였다.

그것이 가능했던 것도 전용공장의 비율이 다른 체인과 비교했을 때 압도적으로 높았기 때문인데, 전용공장을 많이 갖춘 것도 그것이 편의점으로서 갖춰야 할 '당연한 모습'이었기 때문이다.

세븐프리미엄은 기존 PB의 상식을 타파하고 NB를 가진 일류 제조업자와 연계하여 제조사명도 패키지에 명기했다. 종래에는 발매하는 유통기업명만 명기했을 뿐 제조사명은 명기하지 않았다. 업계에서는 '제조사명을 쓰면 PB가 아니다'라고들 반대했다.

하지만 고객은 제조사가 어딘지 알고 싶을 것이다. 그렇다면 판매자 입장보다는 고객의 입장에서 볼 때 어떠해야 하는지를 생각하고, PB의 개념을 바꾸자는 각오로 제조사명을 명기하기로 결정했다.

세븐일레븐의 각 점포에서 매일 실천하고 있는 품목관리도, 고객이 원하는 상품을 원하는 순간 원하는 만큼 살 수 있게 한다는 '당연한 모습'에 한없이 근접시키기 위한 끊임없는 노력이다. '상품구비' '신선도관리' '청결함' '친절한 서비스'를 결코 게을리하지 않는 것도 마찬가지다.

이렇게 고객이 바라는 '당연한 것'을 당연하게 실행하고 꾸준히 노력하면 어느 순간 폭발점에 도달하고 비범해진다. 편의점 점포는 어느 체인이나 언뜻 보기에는 비슷해 보인다. 하지만 세븐일레븐의 전 점포 하루평균매출이 약 67만 엔으로 다른 대규모 체인과 20만 엔 가까이 차이가 나는 것은, 하나하나의 꾸준한 노력들이 쌓여서 이뤄진 비범화의 성과라 해도 과언이 아니다. 그렇기 때문에 그 차이가 좀처럼 좁혀지지 않는 것이다.

눈앞의 돌담을 하나하나
쌓아가지 않으면

어떤 일을 결정할 때 모든 각도에서 따져보고 장점과 단점을 검토하는 복잡한 사고를 하는 사람도 있을 것이다. 여러 가지 조건을 찾아내서는 이것은 되지만 저것은 안 된다는 식으로 생각에 생각을 거듭하다 결국 결단을 내리지 못하기도 한다.

그런데 나의 경우는 어렵고 복잡한 생각을 귀찮아하는 타입이라, 눈앞의 문제를 하나하나 해결할 때도 머리를 쥐어짜거나 고민하는 것을 그다지 잘하지 못한다. 그러므로 머릿속을 백지상태로 비워두고 어느 쪽이 좋을지 마음 가는 대로 생각한다. 그리고 '당연하다'고 느끼는 일을 실행한다. 그뿐이다.

다만, 결단에 이르는 과정은 심플하지만 고객에게 '당연한 일'이 판매자에게는 불합리한 경우도 많고 실행에 어려움이 뒤따르는 경우도 적지 않다. 그래도 중요한 것은 눈앞의 과제에 대해 그때그때 한 발짝씩 다가가 도전하고 하나하나 해결해가는 것이다.

물론 장기적인 목표를 세우고 매진하는 업무방식도 있을 것이다. 하지만 눈앞의 돌담을 차근차근 쌓아가지 않으면 아무리 앞을 내다보더라도 소용없다는 것이 내 소견이다.

씨름선수도 한 판 한 판, 축구선수도 한 게임 한 게임 전력을 다해 싸워 이기느냐 마느냐이다. 우승이라는 성과는 그런 과정 속에서 얻어지는 것이다. 성과라는 것은 항상 결과로서 나타난다. 나도 오래도록 이 업계에 몸담아오면서 예상했던 성적이 나오면 도전한 만큼의 가치가 있었다는 생각에 마음이 편안해진다. 다만 하나하나의 일에 빠짐없이 만족하려고 하면 다음에는 아무것도 할 수 없게 된다.

매 순간이 갈림길이라 생각하고 눈앞에 놓인 한 계단 한 계단을 한 걸음씩 차근차근 올라간다. 그것이 인생이다.

30 :
'참 운이 좋은 사람'들의 비밀

눈앞의 과제를 하나하나 해결해간다. 그때 성공이냐 아니냐는 다분히 운에 의해 좌우되기도 한다. 운은 상당 부분 '우연'이 차지하지만 과연 그 전부가 우연일 수 있을까?

예를 들어 세븐골드 시리즈로 2013년 5월에 발매된 최초의 고급봉지라면인 〈황금면〉은 하나의 행운에서 태어났다. 개발의 경위는 이렇다.

공동개발에 참여한 동양수산에는 〈마루짱 정면(正麺)〉이라는, 건조면이면서 생면에 가까운 대히트 상품이 있다. 2011년 11월 발매 이래 1년간 누계출하수가 2억 개에 달했다. 라면의 풍미를 담아낸 독자적인 제조법을 5년에 걸쳐 개발하고, 상품명에는 '이것이야말로 진짜 라면, 라면의 이상형 완성'이라는 의미를 담아냈다고 한다. 이른바 자신들의 '꿈'을 실현한 동양수산을, 어느 날 세븐프리미엄의 개발담당자 한 사람이 찾아가 대담하게도 이런 제안을 했다.

"〈마루짱 정면〉을 뛰어넘을 만한 최고의 상품을 우리 회사 PB에서 함께 만들도록 해주십시오!"

그 담당자는 평소부터 대단한 의욕가로 '가끔 무모한 면도 있다'는 내부평판이 있는 사람이었다. 그의 무모함이 상대회사로부터 자사의 NB상품에도 사용하지 않은 또 다른 독자적인 제조법을 이끌어냈다. 면을 오랫동안 숙성시켜 생면 같은 식감을 내는 방법인데, 숙성시키는 데 수고가 많이 들기 때문에 NB상품의 대량생산은 어렵지만, PB의 생산량이라면 가능하리라는 것이었다. 이렇게 발매된 황금면은 엄청난 인기를 끌었다.

방문한 동양수산에 어쩌다 NB상품에 사용하지 않은 비장의 기술이 있었다는 것은 그 개발담당자에게는 크나큰 행운이었다. 하지만 그 행운은, 이미 대히트상품을 내놓은 제조업자에게 그것을 뛰어넘을 상품을 PB에서 만들게 해달라는 무모한 제안을 하지 않았다면 결코 빛을 보지 못했을 것이다.

"운이란 누구에게나 평등하게 찾아오지만, 평소의 압도적인 노력이 있을 때 비로소 그 운을 붙잡을 수 있다고 생각합니다."

이 말은 겐토샤의 켄죠 씨가 한 말이다. 켄죠 씨 본인도 '당신은 참 운이 좋다'는 말을 자주 듣는다고 한다. 아니나 다를까 고히로미 씨나 이시하라 신타로 씨, 그리고 이츠키 히로유키 씨와의 에피소드는 그런 생각이 절로 들게 한다. 하지만 켄죠 씨 본인은 '운이 아니라 다른 사람보다 백 배 노력한 결과'라고 생각한다는 것이다.

내가 대담을 나눴던 분들 중에는 노력으로 운을 잡은 예가 많았다. 예를 들면 아사히야마동물원의 행동전시가 실현되기까지의 경위가 그렇다. 1980년대 후반에 폐원의 위기에 몰린 이후 '우리는 어떤 모습이어야 하는가?'라고 존재의의를 재검토하고, 예산이 없는 가운데 사육사들이 동물에 대해 직접 고객에게 설명하고, 동물의 식사풍경을 보여주고, 손으로 쓴 POP설명서를 만들고, 동물가족교실을 운영하는 등등 꾸준한 노력을 거듭했다. 원장으로 취임한 코스게 마사오 씨는 가는 곳곳에서 동물원의 중요성을 강조하고 다녔다. 그리고 1990년대 중반 '생명을 소중히 하는 사회를 만들자'는 이상을 가진 시장(市長)이 당선되었고, 그는 우연한 기회에 코스게 씨와 아사히야마동물원에 대해 알게 되었다. 만남의 자리가 마련되었을 때, 코스게 씨는 동료들과 함께 설계하고 숙성시켜온 이상적인 동물원의 스케치를 보여 주었다. 그렇게 시의 자금지원을 받아 아사히야마동물원의 재생은 시작되었다.

"같은 액수의 예산이 있었더라도 그때까지의 노력이 없었다면 지금의 아사히야마동물원은 탄생할 수 없었다"고 코스게 씨는 말한다.

행운은 도전하고
노력한 자에게만 찾아온다

사실 나도 여러 장면에서 운의 덕을 보았다. 토한의 홍보부에 재직했던 20대 후반에 《신간뉴스》의 지면개혁을 실현시켰던 이야기를 앞에서 소개했는데, 그 역시 운 덕분이었다. 개혁을 제안해도 직속상관인 부장과 담당 임원은 상대도 해주지 않았다.

그래도 도저히 포기할 수 없었다. 반드시 하고야 말겠다는 의지를 굳힌 나는, 어느 날 홍보과 옆에 있던 기획실 실장에게 '이런 기획이 있는데……'라고 말해보았다. 그랬는데 다행히도 직속상관도 아닌 기획실장이 '그렇게 열심히 하는데……'라며 사장에게 귀띔해준 것이다.

그렇게 사장의 주선으로 임원회의에서 설명회를 갖게 되었고, '재미있을 것 같은데 한번 해봐라!'라는 사장의 한마디로 그때까지 반대해왔던 임원들도 '사장이 그러라고 하면'이라며 동의해주었다.

나는 그 후 지면을 쇄신한 《신간뉴스》의 편집을 통해 알게 된 매스컴관계자와 텔레비전방송제작 독립프로덕션을 설립하기 위해 이토요카도에 스폰서요청을 하려던 것이 계기가 되어 결국 그곳으로 전직하게 되었다. 만일 지면개혁이 반대에 부딪혀 포기했더라면 지금의 나는 없었을 것이다.

세븐일레븐에 정보시스템을 구축했을 때도 하나의 행운과 조우했다. 창업 4년째에 들어 점포수가 300점이 넘게 되자 전화를 이용한 발주로는 도저히 완벽한 대응을 할 수 없게 되었다. 그때 체인점 발주의 정보시스템화라는 세계 최초의 시도에 도전하기로 한 것이다.

대규모 제조사로부터 족족 거절당하던 와중에 유일하게 승낙해준 곳이 일본전기였다. 하지만 교섭은 순탄치 않았다. 우리는 체인이 점차 확대되더라도 비용면에서 효율적인 시스템을 만들어두고 싶다는 생각에 업계의 상식을 깨는 저비용을 추구하였고, 안이하게 타협할 생각은 애당초 없었다. 어쨌든 우리의 요구는 '타사의 참고기종의 절반 비용, 개발기간은 일본전기가 제시한 2년의 4분의 1인 반년, 대수는 500대 일괄투입'이었고, 상대회사가 보기에 그것은 '비정할 정도의 저비용' '상식적으로는 불가능한 납기' '말도 안 되는 대수'였다.

몇 번이나 암초에 걸릴 위기에 직면했지만, 결국 회장인 고바야시 코지 씨가 '현장의 니즈에 대응하지 않고는 좋은 시스템을 개발할 수 없다. 비용은 먼 안목으로 보면 된다. 세븐일레븐과 함께 일하라'는 결단을 내려준 덕분에, 장래에 보상받겠다는 각오로 우리의 제안을 수락해주었다. 그로부터 현재의 제6차 종합정보시스템에 이르기까지 그때그때 세계에서도 유례를 찾아볼 수 없는 최첨단에 최대 규모의 시스템을 구축해왔다.

코바야시 씨는 1970년대 후반에 일찍이 '컴퓨터와 통신의 융합'을 주창하며 일본전기를 정보와 통신계의 일렉트로닉스기업으로 성장시킨, 일본 컴퓨터산업사에 이름을 남길 명경영자다. 그런 그의 영단을 얻을 수 있었던 것은 정말 행운 중의 행운이었다.

일본전기는 우리가 요구한 조건을 실현시키기 위해 현장에서 매일 '세븐(아침 7시)~일레븐(밤 11시)'으로 전력을 다해주었다. '엄격하기로 천하제일인 세븐일레븐에 대응할 수 있으면, 그 어떤 기업에도 대응할 수 있다'라는 긍정적인 발상을 갖게 된 모양이었다.

정보시스템은 편의점에 있어서 정보의 동맥과 같은 존재다. 만일 최초의 교섭에서 타결을 목적으로 삼아 대충 타협선을 찾고자 했다면 그 행운은 우리에게 오지 않았을 것이다. 그리고 그 이후의 정보화 발전도 전혀 다른 것이 되었을지 모른다. 할 만한 가치가 있다고 믿었던 일을 실현시키기 위해 가능성에 도전했던 것이 결국 행운으로 이어진 것이다.

소고와 세이부 백화점을 산하에 두고 있던 밀레니엄리테일링과의 경영통합에 있어서도 운명적인 뭔가를 느꼈다. 계기는 우리그룹의 지주회사화였다. 내가 그것을 발안한 것은 2005년 초의일이다. 보통은 준비에 1~2년이 걸린다. '빨라도 9월에나 임시주주총회를 열 수 있다'는 스태프들에게 나는 기간을 더 단축해서 5월 정례총회에 맞추라고 지시했다. 스태프들도 이에 대응해 9월에 드디어 지주회사화에 성공하였다. 상식을 훨씬 벗어난 스케줄이었다.

마침 그 무렵, 밀레니엄리테일링의 와다 시게아키 사장은 안정주주를 찾고 있었다. 와다 씨는 세이부 백화점의 재건을 위해 자회사 사장에서 옛 일터로 돌아갔고, 이어서 경영난에 빠진 소고를사원들과 한몸이 되어 재건하는 중이었다. 나는 사내연수회에서강연을 의뢰받은 이래 와다 씨와는 골프도 함께 할 정도로 가깝게 지내고 있었다.

그런 와다 씨가 우리의 지주회사화에 관심을 가지고 있다는 이야기를 들었다. 당시 밀레니엄리테일링은 증권계 투자회사가 주식을 보유하고 있고 상장도 계획하고 있었다. 그러나 와다 씨로서는 가능하면 같은 일본의 유통업계 중에서 안정주주를 찾고 싶었던 모양이다. 유통업 경영에 대해 와다 씨와 나는 많은 부분에서 공통된 사고방식을 가지고 있어 통합 이야기는 자연스럽게 정리되었다.

만일 상식적인 페이스로 지주회사화를 준비했더라면, 세븐&아이홀딩스의 설립은 한참 뒤로 미뤄졌을 것이고, 결국 모든 타이밍을 놓쳐 밀레니엄리테일링과의 경영통합은 불가능했을지 모른다. 절묘한 타이밍 역시 우리에게 크나큰 행운이었다.

기존의 상식과 과거경험에 얽매이지 않는 행동이, 보통이라면 좀처럼 만나지 못할 행운을 불러들인다. 대부분의 사람이 타협할 선에서 타협하지 않고 궁극을 추구하려는 행동이 결코 쉽게 가질 수 없는 행운을 불러들인다. 내 비즈니스인생을 돌이켜보면 그것의 연속이었다는 생각마저 든다.

비즈니스는 능력과 노력만이 아니라 운에 의해서도 좌우된다. 그 운은 상당부분 우연이기도 하다. 하지만 과거경험이나 기존의 상식을 뛰어넘는 도전과 노력을 계속함으로써 평범한 행동으로는 결코 만날 수 없는 행운을 만날 수 있게 된다.

세상을 돌아보면 큰 성공을 거둔 사람들은 대부분 '운이 좋았다'고 말한다. 하지만 그것은 단순한 행운 덕분이라기보다는 행운을 불러들일 수 있는 도전과 노력이 있었기에 비로소 가능했던 것이 아닐까.

반대로, 열심히 노력한다고 했는데 일이 잘 안 풀리는 사람은 '나는 운이 없다'라고 불평을 늘어놓는다. 하지만 그것은 정말 운이 없어서가 아니라 뭔가에 얽매여 있거나 안이하게 타협하거나 하는, 행운과는 거리가 먼 삶의 방식을 살고 있기 때문이 아닐까?

'파는 힘'은
도전과 노력으로 강해진다

수요가 공급을 웃도는 소비과잉의 판매자시장이었던 시대에는 상품을 매장에 진열만 해놓으면 가만히 서 있어도 잘 팔렸다. 말하자면 팔리는 것이 필연이었다. 하지만 공급이 수요를 웃도는 생산과잉의 소비자시장인 지금, 팔리는 것은 더 이상 필연이 아니게 되었다. 수많은 판매자들 중에서 선택받는 순간에는 여러 우연적인 요소가 작용하고 있을지 모른다.

그런 우연을 필연으로 바꾸는 것은 적극적인 도전과 노력이다. 기존의 고정관념을 깨고 '고품질'과 '편의성'을 겸비한 새로운 것을 탄생시키는 것도, 매장 내에 넓은 공간을 과감히 할애하여 상품성을 어필하는 것도, 고객에게 호객하는 것도 궁극을 추구하는 도전이고 노력이다.

과감한 도전은 리스크를 높이기도 하지만, 노력을 거듭하면 행운과 만날 확률도 높아진다. 행운은 도전하고 노력하는 사람에게 찾아온다.

이 책은 '파는 힘'을 테마로 하여 나의 생각과 경험, 그리고 내가 만나온 사람들의 생각과 경험을 소개하면서 여러 각도에서 그 포인트를 지적한 것이다.

대학의 경영학 과목들을 보면 회계학, 마케팅, 경영전략, 재정, 경영조직론 등의 과목은 있어도 '영업'이니 '판매'니 하는 과목은 없다. 나는 2004년에 미국 하버드비즈니스스쿨과 영국 캠브리지 대학의 초대를 받아 MBA 수강생을 대상으로 강의할 기회를 얻은 적이 있었는데, 세계적으로 유명한 비즈니스스쿨에도 '영업'에 관한 수업은 거의 없는 것 같았다.

앞에서도 말했듯이 나는 오랜 세월 소매업계에 몸담고 있는 사람이지만 판매경험도 계산대에 서본 경험도 없다. 그런 내가 소매업을 경영할 수 있는 것은 판매경험은 없어도 '고객의 입장에서' 생각할 수 있기 때문이다. 그리고 또 한 가지, 하루하루가 갈림길이라고 생각하고 진검승부한다는 각오로 일에 임하기 때문일 것이다.

만일 내가 현재의 직장을 잃고 전직을 해야 한다면, 과연 나를 고용할 기업이 있을까? 대답은 NO일 것이 분명하다. 어떤 기술도 자격도 없고, 매장에서 매출을 올릴 센스도 없다. 경영의 노하우를 몇 가지 실천할 줄 안다지만, 그 역시 한정된 업태 안에서만 유효하다. 설령 내가 인사담당이라도 사장경험자는 고용하지 않을 것이다.

그것을 알고 있는 한 나의 하루하루는 진검승부 그 자체가 아닐 수 없다. '어제의 경험에 질질 끌려갈까 보냐?'라고 스스로를 엄중히 경계하고, 항상 과감한 도전과 노력을 하려고 애쓴다.

'판매력'을 높이고 싶다는 생각은 소매업 경영자인 나나 독자 여러분이나 다르지 않을 것이다. 그것을 위해 해야 할 일 역시 나나 여러분이나 다를 게 없다.

일의 현장에 있는 사람들은 결코 게으름을 피우거나 놀지 않는다. 사람들은 저마다 열심히 최선을 다할 것이다. 그런데도 일이 잘 안 될 때는 당장 당신 눈앞에 펼쳐진 상황을 분석하고 머릿속을 백지로 돌려 원점에서 새롭게 생각할 일이다.

그리고 모든 것을 '고객의 입장에서' 생각하고 매일 진검승부한다는 각오로 과감히 도전하고 노력에 노력을 더해야 한다.

스스로 변명거리를 찾기보다는 죽어라 노력하는 편이 낫다. 실패하면 어쩔 수 없다는 각오로, 하지만 두려워하지 말고 할 수 있는 만큼의 일을 하면 된다. 그러다 넘어지면 일어나 반성하고 다시 도전하면 된다.

진검승부하는 사람에게는 반드시 기회가 찾아오기 때문에.

최악의 불황에도 팔리는 건 팔린다!

초판 1쇄 발행 | 2015년 1월 2일
초판 5쇄 발행 | 2021년 5월 15일

지은이 | 스즈키 토시후미
옮긴이 | 김경인
펴낸곳 | 윌컴퍼니
펴낸이 | 김화수
출판등록 | 제2019-000052호
전화 | 02-725-9597
팩스 | 02-725-0312
이메일 | willcompanybook@naver.com
ISBN | 979-11-85676-13-5 03320

이 도서의 국립중앙도서관 출판시도서목록(CIP)은 서지정보유통지원시스템 홈페이지
(http://seoji.nl.go.kr)와 국가자료공동목록시스템(http://www.nl.go.kr/kolisnet)에서
이용하실 수 있습니다.(CIP제어번호: CIP2014034927)